农村会计委托代理
人员继续教育丛书

KUAIJI

SHIWU

会计实务

主编 崔瑛 赵鸭桥

立信会计出版社
LIXIN ACCOUNTING PUBLISHING HOUSE

图书在版编目(CIP)数据

会计实务/崔瑛,赵鸭桥主编.—上海:立信会计出版社,2018.11
(农村会计委托代理人员继续教育丛书)
ISBN 978-7-5429-5974-4

Ⅰ.①会… Ⅱ.①崔… ②赵… Ⅲ.①会计实务—继续教育—教材 Ⅳ.①F233

中国版本图书馆 CIP 数据核字(2018)第 235116 号

策划编辑　王艳丽　孙　勇
责任编辑　王艳丽

会计实务
Kuaiji Shiwu

出版发行	立信会计出版社			
地　　址	上海市中山西路 2230 号	邮政编码	200235	
电　　话	(021)64411389	传　真	(021)64411325	
网　　址	www.lixinaph.com	电子邮箱	lxaph@sh163.net	
网上书店	www.shlx.net	电　话	(021)64411071	
经　　销	各地新华书店			
印　　刷	上海天地海设计印刷有限公司			
开　　本	710 毫米×1 000 毫米	1/16		
印　　张	13.5			
字　　数	171 千字			
版　　次	2018 年 11 月第 1 版			
印　　次	2018 年 11 月第 1 次			
印　　数	1—2 100			
书　　号	ISBN 978-7-5429-5974-4/F			
定　　价	39.00 元			

如有印订差错,请与本社联系调换

农村会计委托代理人员继续教育丛书

《会计实务》编写委员会

主　编　崔　瑛　赵鸭桥

副主编　孙伯东　李永前　敖成围

参　编　樊　舒　陆俊文　万媛媛　陈　霞
　　　　　李翎洁　杨　晓　弓　弘　张有才
　　　　　张丽英　罗　瑞

前　言

随着我国农村经济改革的不断深入和发展以及乡村振兴战略的实施,国家财政对"三农"的扶持力度日益增大,各种支农资金和支农项目不断增加。此外,农村经济的快速发展也使得农村集体经济组织的收入大幅增长。因此,如何管好、用好集体资金,提高资金使用效益,已成为广大农民群众关注的热点和焦点。这对农村财务管理工作也提出了更高的要求,但目前由于农村会计人员业务水平不足、制度不健全等原因,农村财务问题已成为规范项目管理、激化干群矛盾、影响农村社会稳定的主要因素。此外,加强农村财务管理工作,对于高效实施农村发展项目,防止集体资产流失,促进农村集体经济健康发展,维护农民群众的根本利益,化解农村矛盾,促进美丽乡村建设,显得十分迫切。

在总结试点地区经验的基础上,党中央、国务院决定在全国范围内推广村级会计委托代理服务工作。实行村级会计委托代理制度,把村级财务委托乡镇统一核算和监管,是新形势下规范村级财务管理的有效方式,有利于强化村级资金管理,提高资金使用的有效性、合法性;有利于从源头上预防和控制腐败行为,促进农村干部廉洁自律;有利于改善党群、干群关系,促进农村基层党风廉政建设;有利于控制非生产性支出,促进农村经济发展。

为贯彻落实《中共中央办公厅、国务院办公厅关于健全和完善村务公开和民主管理制度的意见》（中办发〔2004〕17号）和《中央纪委、监察部、财政部、农业部关于进一步规范乡村财务管理工作的通知》（中纪发〔2006〕24号）等文件精神，规范农村基层财务管理工作，全面提高农村财务人员的专业水平，适应分类培训的需要，进一步提高培训的针对性、使用性和可操作性，云南农业大学会计学院组织专业教师深入农村基层进行调研，收集整理农村财务管理的第一手资料，在云南省财政厅的大力支持下，编写了"农村会计委托代理人员继续教育丛书"，旨在培养专业强、素质高、有技能、重品行、让党放心、让农民满意的农村财务人员，进一步加强农村会计工作。

《会计实务》主要是针对村级会计委托代理人员，依据《村集体经济组织会计制度》和《会计基础工作规范》的要求，以农村财务会计工作的流程为主线，用实例和生动的案例将农村会计业务进行了直观展示和分析。例如，开展农村公益事业以及从事集体生产经营活动所需资金，要通过国家财政转移支付或在农民群众同意的基础上，以一事一议、筹资筹劳等方式解决，对于一事一议、筹资筹劳制度，要由村民或村集体经济组织成员对议事的全过程进行监督，实行民主管理、财务公开、上级审计；对于财政补助，要制定规范的会计核算办法，采取有效的管理和监督措施，坚决杜绝"截、留、挪、用"发生。

本书结合村集体经济组织的特点，充分考虑其会计核算的需要，以现行的会计法规为依据，融入最新会计准则内容，示例充分，实用性和可操作性强，旨在为农村集体经济组织会计人员提供会计操作范本，让集体经济组织会计人员熟练掌握会计核算方法和技巧。

"农村会计委托代理人员继续教育丛书"由崔瑛、赵鸭桥担任总主编，并负责拟定丛书的框架和统稿工作。本书的第一章、第二章和第五章由崔瑛、赵鸭桥编写；第三章和第四章由孙伯东和敖成围负责编写;第六章和第七章由李永前和樊舒负责编写。此外,陆俊文、万媛媛、陈霞、李翎洁、杨晓、弓弘、张有才、张丽英、罗瑞等参加了本书编写前期的田野调查、资料整理以及书稿校对工作。

  限于时间和作者的水平,书中的疏漏和错误在所难免,欢迎广大读者批评指正,不吝赐教。

编 者

2018.8

目 录

第一章 村集体经济组织会计概述 ········· 1
- 第一节 村集体经济组织会计的概念、职能和任务 ········· 1
- 第二节 村集体经济组织会计的特殊性 ········· 2
- 第三节 村集体经济组织会计要素 ········· 7
- 第四节 村集体经济组织会计核算方法 ········· 13

第二章 村集体经济组织资产 ········· 16
- 第一节 货币资金 ········· 16
- 第二节 应收款项 ········· 18
- 第三节 存货 ········· 20
- 第四节 农业资产 ········· 23
- 第五节 对外投资 ········· 32
- 第六节 固定资产 ········· 39

第三章 村集体经济组织负债 ········· 50
- 第一节 负债概述 ········· 50
- 第二节 流动负债 ········· 51
- 第三节 长期借款及应付款 ········· 54
- 第四节 一事一议资金 ········· 55
- 第五节 专项应付款 ········· 60

第四章 村集体经济组织所有者权益 ········· 64
- 第一节 所有者权益概述 ········· 64

第二节 资本 ·· 65
第三节 公积公益金 ·· 68
第四节 未分配收益 ·· 77
第五节 土地补偿费 ·· 82
第六节 村集体经济组织产权制度改革完成清产核资后
　　　　的账务调整方法 ·· 86

第五章　村集体经济组织收入、成本、费用和收益 ················ 93
第一节 收入 ·· 93
第二节 成本 ·· 99
第三节 费用 ··· 104
第四节 收益 ··· 108

第六章　村集体经济组织会计报表 ····································· 115
第一节 会计报表的意义和作用 ······································· 115
第二节 会计报表的种类和编制要求 ································ 116
第三节 资产负债表及其编制 ·· 120
第四节 收益及收益分配表 ··· 127
第五节 财务公开表 ·· 131
第六节 报表编制综合举例 ··· 136

第七章　会计凭证、会计账簿和会计档案 ··························· 149
第一节 会计凭证 ··· 149
第二节 会计账簿 ··· 162
第三节 会计档案 ··· 172
第四节 会计电算化 ·· 175

附录一　关于进一步加强村级会计委托代理服务工作的
　　　　指导意见 …………………………………………… 181
附录二　农业部关于进一步加强农村集体资金资产资源管理
　　　　指导的意见 ………………………………………… 184
附录三　会计档案管理办法 ………………………………… 190
附录四　农业部　财政部　民政部　审计署关于进一步加强
　　　　和规范村级财务管理工作的意见 ………………… 197

参考文献 ……………………………………………………… 201

第一章 村集体经济组织会计概述

第一节 村集体经济组织会计的概念、职能和任务

一、村集体经济组织会计的概念

村集体经济组织会计是指对村集体经济组织的资产运用及生产经营成果和社会事务管理活动进行连续地、系统地、全面地记录核算,并根据核算资料进行分析和检查的一系列管理活动的总称。会计是以货币为主要计量单位,以凭证为依据,通过记账、算账、报账、用账和查账等手段,对核算主体的生产经营与管理活动进行反映和监督,一般包括会计核算、会计分析、会计检查三部分。

二、村集体经济组织会计的职能

村集体经济组织会计的基本职能主要有核算职能和监督职能。

(一) 会计的核算职能

会计的核算职能也称反映职能,是指会计以货币为主要计量单位,通过确认、计量、记录和报告等环节,对特定对象(或称特定主体)的经济活动进行记账、算账、报账,为各有关方面提供会计信息的功能。会计的核算职能是会计的首要(最基本)职能。

(二) 会计的监督职能

会计的监督职能也称控制职能,是指会计人员在进行会计核算的同时,对特定主体经济活动的真实性、合法性和合理性进行审查。

（1）会计监督主要是通过价值指标进行的。

（2）会计监督要对单位经济活动的全过程进行监督，分为事前监督、事中监督和事后监督。

（3）村集体经济组织的会计监督还包括对资源和实物通过台账管理、公开公示、报表报送等方式接受群众的民主监督和上级的检查监督。

(三) 核算职能与监督职能的关系

会计核算与会计监督两项基本职能相辅相成、辩证统一。

会计核算是会计监督的基础，没有会计核算所提供的各种信息，会计监督就失去了依据；会计监督又是会计核算质量的保障，如果没有会计监督，就难以保证会计核算所提供信息的真实性和可靠性。

三、村集体经济组织会计的任务

村集体经济组织会计的任务有以下四个方面。

（1）反映和监督国家财经方针、政策、法令和各项规章制度的贯彻执行和落实情况。

（2）反映和监督村组集体经济活动计划和预算的执行情况。

（3）反映和监督村组增效节约、增收节支的情况。

（4）反映和监督村组可分配收益的形成及其分配情况。

第二节 村集体经济组织会计的特殊性

一、村集体经济组织会计的特点

1. 会计群体的多样性

村集体会计既包括村级会计委托代理机构的会计人员、村民委员会主管会计、专业会计，也包括村民委员会报账员、村小组报账员。

2. 会计人员的多变性

由于村组每3年一届,换届选举后,村组会计、报账员(出纳)都会有相当部分人员发生变动,人员流动和变动呈现常态化,给做好村组财务管理带来了诸多矛盾和困难。

3. 会计人员培训的艰巨性和长期性

村集体会计人员素质参差不齐,文化水平、业务技能、工作时间的保证度等都千差万别,加上变动频繁,形成边培训边有新手,而且随着国家强农惠农政策的不断强化增多,会计人员培训的复杂性、重要性和迫切性更加凸显。

4. 会计核算的复杂性和指向性

由于各地经济发展的差异性,发展程度和发展速度的不同,加上国家强农惠农政策的不断深化,村集体会计核算的内容也在不断地发展变化,而且各村组的收支内容、范畴也不相同,且年年有新变化。现在既要核算资金的收付,还要核算资产资源的应用、变动和处置,对核算的深度和广度都提出了新的要求。但会计核算的目的却十分明确,那就是管好、用好村集体的资金、资产、资源,发展壮大集体经济,改善村民的生产生活环境,增加村民收入。

二、村集体经济组织会计信息需求的特殊性

村集体会计因面对的是农村千家万户,其信息需求呈现如下三方面的特殊性。

1. 会计信息需求的广泛性

村集体的资金、资产、资源是该村全体村民的共同财产,是共同富裕的重要物质基础,涉及每一位村民的切身利益,大家都十分关注、关心,都希望村组财务管理规范、收支合理有度,让有限的资金发挥更大的为民服务、为民做事的效能。

2. 会计信息需求的多层性

村民对本村的会计信息具有知晓的迫切愿望,村组干部在进行民

主管理、民主决策时对本村会计信息的运用是全面而频繁的,上级政府和相关部门在指导农村经济发展,制定和监管强农惠农政策的落实等方面都对村集体会计信息具有强烈的查询、运用、核对和检查的要求。

3. 村集体会计信息的公开性

按照村集体财务管理的有关规定,村集体会计信息应让全体村民知晓,对村集体的收支情况,先通过民主理财小组审核,经会计审核入账后,通过召开会议和定期在财务公开栏内进行真实、细致地公示公开,接受村民监督。

三、村集体经济组织会计委托代理的现实意义

(一)实行村集体会计委托代理符合国家相关政策的规定

中纪委、财政部、农业部、民政部印发《关于进一步加强村级会计委托代理服务工作指导意见》(财会〔2010〕4号)的通知中明确指出:"各级纪检、监察、财政、农业和民政部门要按照农村党风廉政建设任务分工,在尊重历史和现实、坚持现有工作格局不变的基础上,通力协作,密切配合,形成合力,切实加强对村级会计委托代理服务工作的指导和监督。在推进村级会计委托代理服务工作中,必须尊重农民意愿,履行民主程序,依法签订委托代理协议,确保集体资产所有权、使用权、审批权和收益权'四权'不变,切实维护农村集体经济组织及其成员的合法权益。"农业部、财政部分别下发了《农业部关于进一步规范和完善村集体经济组织会计委托代理的意见》(农经发〔2008〕4号)、《财政部关于开展村级会计委托代理服务工作的指导意见》(财会〔2008〕8号),对如何做好村集体会计委托代理工作提出了具体要求。

(二)实行村集体会计委托代理是村集体财务管理运行机制长期运行的必然选择

自农业合作化改造建立了以队为基础的农村集体财务核算体系,

到家庭联产承包责任制前,生产队会计核算了社员的工分、粮食分配、经济分配,工作人员有岗位、有职责、有报酬,分工明确,大小事务经队务会会议讨论决定,向全体社员公开。社员按队里的决定进行农事生产,领取生产资料,分得生活资料,而且每个群众都有举报权,上级的检查处理十分严格,可以说,干部的任何行为都直接关系到他本人和整个家庭的声誉和生存,也直接关系到本队社员的利益和生存。在这个时期,群众的监督是广泛而有效的。但自家庭联产承包责任制实行后,农户种好自己的责任田,除了上交国家和集体的粮食外,剩余的就是自己的,在这个时期,群众对集体利益的关注度下降,再加上原有集体的资产(如公房、耕牛等)都均分或卖给了农户,集体资产所剩无几。会计核算的主要内容是村集体企业上交的承包收入、农户上交的提留统筹款。村组干部由上级任命,他们直接接受乡镇政府的领导和管理。财务清查和财务人员培训由县乡组织进行,但由于人员素质低,各村组是自收、自支、自开户,缺乏群众的民主监督,票据使用五花八门,往往形成"前清后乱"。21世纪初,农村开始了税费改革和基层民主政治建设,取消了"三提五统"和农业税,国家逐渐加大了支农惠农政策力度,形成了"多予、少取、加补助"的格局,村集体也随着整个社会经济的发展逐渐形成了收入来源多样化。由于进行农村民主政治建设,村组干部每3年都要进行换届选举,村组干部换得勤、换得多,往往形成局部地区村组集体财务混乱的状况。为加强村组集体财务管理,伴随着农村合作基金会的清理整顿、农村税费改革及农村综合改革的推进,各地农村经营管理部门顺应形势和群众的要求,探索了以管理村组集体资金资产和账务为主的"上管一级"模式的财务"双代管",在此基础之上,按国家的法律法规,形成了在保证原有村组集体核算主体不变的前提下,按在对村组集体财务管理中遵循集体资金、资产"所有权不变、使用权不变、审批权不变、收益权不变"的原则,依托乡级农村经营管理站成立了村级会计委托代理机构,对村组集体的资金、资产、资源通过签订委托代理协议的方式进行委托管理。通过加强制度建设,加大培训力度,将村组集体的资金统一纳入村组会计委托代理机构按村组设户头统一管理。村组发生收入时及时交存,使用时通过申报审核,使用后通过民主监督和财务公开,对村组集体财务进行全程有效监督,改变了"前清后乱"因换届选举导致村组集体财务混乱的状况,保障了村组集体财产安全,增加和壮大了集体资产。

(三)充分发扬了民主,推进了农村基层民主政治和党风廉政建设

通过村级会计委托代理,规范了村组议事程序,规范了集体建设项目招投标程序和集体资产、资源承包租赁、处置程序,按"四议两公开"和申报审核、备案制,规范了村务、集体财务公开,对集体工程项目建设实施了招投标制度,对集体资产、资源的承包租赁、处置进行了公开竞标竞价,让群众参与监督,干部参与监督,内外、上下监督,使村民的参与权、监督权得到了充分体现,村集体资产呈现出快速增长的势头,有力地推动了农村基层民主政治和党风廉政建设,促进了农村社会、经济、政治、环境的友好和谐发展。

(四)规范村级财务管理,强化会计监督

《农业部关于进一步规范和完善村集体经济组织会计委托代理的意见》(农经发〔2008〕4号)明确指出:"农村集体经济组织的资金、资产归该集体经济组织全体成员共同所有,村级财务属集体性质。农村集体财务管理是村级经济事务管理的重要内容,是集体资产管理、土地承包管理、农民负担管理等工作的基础,涉及农民切身利益,历来受到各级党委政府的高度重视和农民群众的广泛关注。近年来,随着农村集体财务管理规范化建设的推进,各地立足实际,积极探索,不断创新,扎实工作,农村集体财务管理工作取得了明显成效。但是一些地方村级财务管理不规范、制度不健全、核算不准确、公开不完善、监管不到位等问题仍不同程度存在,必须引起高度重视。村级会计委托代理服务是农村基层实践工作的创新,是管理农村财务、强化会计监督

的有效模式,是服务社会主义新农村建设的具体体现,较好地解决了当前村级财务管理工作存在的问题,对规范村级财务会计行为,提高集体资金使用效率,节约村级财务核算成本,确保财务公开、民主理财落到实处,促进农村党风廉政建设起到了积极作用。"各地要以开展村务公开和民主管理"难点村"治理,全面建立健全村务监督委员会,推行村级事务"阳光工程"和党中央乡村振兴战略为契机,采取切实有效措施,强化村级会计委托代理机构建设,完善工作规范,落实工作经费,把做好村级会计委托代理服务工作作为推进农村集体财务管理规范化建设,加强农村集体资金、资产、资源管理,促进农村党风廉政建设、基层民主政治建设和社会主义新农村建设的一项重要工作抓好抓实。

第三节 村集体经济组织会计要素

会计要素是对会计对象的具体内容按照其经济特征所做的分类,是会计核算对象的具体化,也是构成财务会计报表的基本构件。村集体经济组织的会计要素包括资产、负债、成本、所有者权益、收入、支出、收益等七项。

资产、负债、所有者权益是反映村组财务状况的会计要素,是资产负债表的构成要素;收入、成本、支出、收益是反映和计算村组集体年度经济营运成果的会计要素,是利润表的构成要素。

一、资产

资产是村组集体所拥有或控制的能以货币计量的经济资源,包括各种财产、债权和其他权利。资产按流动性可分为以下四种。

(1)流动资产,包括现金、银行存款、短期投资、应收及暂付款项(含内部往来)、存货。

(2)长期投资,包括股票投资、债券投资和村集体经济组织对举办的企业等的投资。

（3）固定性资产，包括房屋及建筑物、机器设备、运输设备、工具器具、产畜、役畜、林木、农业基本建设设施、各项公益福利设施等。其中，根据产畜、役畜、种（蛋）禽及经济林木和非经济林木生产生长的特殊性，村集体经济组织会计制度分别设立了"牲畜（禽）资产"和"林木资产"两个会计科目进行核算。

（4）无形资产，包括专利权、商标权、著作权、土地使用权、商誉等。随着农村改革的深入，无形资产还包括入股到村集体的农户房屋与宅基地的使用权、农户承包土地的经营权、草地经营权、林地经营权、自然风光风貌景观、作物种植景象景色、非遗传承等。

对开办费、固定资产的修理费用和租入的固定资产的改良支出等直接记入有关支出项目，不再进行摊销。对暂时被冻结的银行存款、冻结的投资（股票）、查封的物资、涉及诉讼中的财产等，在原账户中设明细账户进行核算，待最终处理结果出来后，损失的净差额部分计入当期的其他支出。

资产的特征有以下四点。

（1）资产必须是一种经济资源。

（2）资产必须是由村组拥有或在一定会计核算年度内能够控制的。

（3）资产必须能以货币计量。

（4）资产必须能给村组提供目前或未来的效益。

二、负债

负债是指村组所承担的能以货币计量并需以资产或劳务偿付的债务。

（1）借款，包括短期借款、长期借款。

（2）应付及暂收款，包括各种应付款项、各种暂（预）收款项，通过

"应付款"和"应付工资"两个账户来核算。

（3）应付福利费，包括从收益中提取的用于村民的医疗费、计生费、养老补贴、生活补贴、文教卫生费、困难补助、救济扶贫费、慰问费、生活补助、保险费、老年人活动费等。

（4）长期应付款，是指应付期限在1年以上的非借入性资金（款项）。

（5）一事一议资金，是指村组兴办生产、公益事业按一事一议形式筹集的筹资收入、筹劳折资收入。发生一事一议项目支出时，在"一事一议资金"账户的借方反映。

（6）专项应付款，是指村组收到的有关部门和单位给付的、村组集体从收益中单列（提取）的或农户交纳的具有专门用途的资金，如扶贫救灾款、土地征用及安置补偿费、保险赔偿款、农业综合开发专项资金、村组行政管理及社会事务专项支出费、新农村建设农户筹资款项等。

负债的特征有以下五点。

（1）负债是由已经发生的经济业务引起的。

（2）负债要在某一固定日期用现金或其他资产偿还。

（3）负债是能够用货币确切地计量或合理地估计的债务责任。

（4）负债是债权人拥有的一种权利。

（5）负债要承担法定的义务，只有在偿还或债权人放弃债权或双方约定进行债务转移、重组等情况发生变化以后才能消失。

三、所有者权益

所有者权益又称净权益，是指村集体经济组织的投资人对村组集体净资产的拥有权和所有权。

（1）资本，包括国家资本、本村组资本、外单位资本、个人资本。

（2）公积公益金，包括收益提取、土地补偿、资本溢价、筹资筹劳积累、重估增值、投资捐赠、公益资助、其他公积金。

(3) 分配收益（未分配收益）。

四、成本

成本是指村集体经济组织直接组织生产或提供劳务等活动所发生的各项生产费用和劳务成本,通过"生产(劳务)成本"账户来核算。

五、收入

收入是指村组在进行生产经营和社会事务管理活动过程中所获取的各项收入。

(1) 经营收入,是指村集体经济组织进行各项生产、服务经营活动取得的收入。包括产品物资销售收入、出租收入、劳务收入等。

(2) 发包及上交收入,是指各项承包收入、下属企业交来的收益(含以工补农资金、分红资金、上交的利润等)。

(3) 农业税附加返还收入,是指收到的财税部门返还的农业税附加等资金。目前,除烟叶税外的农业税已取消。

(4) 补助收入,是指村集体经济组织收到的财政等部门的补助资金。包括一般性补助收入和专项补助收入（如财政转移支付资金收入等）。

(5) 其他收入,是指除经营收入、发包及上交收入、农业税附加返还收入、补助收入以外的收入。包括利息收入、捐赠收入、罚款收入、财产物资盘盈收入、违反村规民约扣减的分配转入等。

(6) 投资收益,是指村集体经济组织对外投资取得的收益或发生的损失。

六、支出

支出是指村组在进行生产经营和社会事务管理活动中发生的各种开支。

(1) 经营支出,是指村集体经济组织直接进行生产或组织农户进行生产时,因销售商品、农产品、对外提供劳务以及统一组织土地流转等活动而发生的实际支出,包括销售商品或农产品的成本、销售牲畜或林木的成本、对外提供劳务的成本、维修费、运输费、保险费、产役畜的饲养费用及成本摊销、经济林木投产后的管护费用及其成本摊销、经营性及出租性固定资产的折旧费和维修费用、统一组织土地流转而发生的基础设施管护费用等。

(2) 管理费用,是指村集体经济组织管理活动发生的各项支出,包括村集体经济组织管理人员及固定人员的工资、办公费、邮电费、差旅费、招待费(项目支出、会议及检查支出、其他招待支出)、书刊费、车辆费、水电费、综治费、职工教育费、管理用固定资产的折旧和维修费等。

(3) 其他支出,是指村集体经济组织与经营管理活动无直接关系的支出,包括利息支出、罚款支出、捐赠支出、坏账损失(无法收回的应收款项的损失)、固定资产盘亏损失、存货(财产物资)盘亏损失、非经济林木郁闭后的管护费用、公益性用途的固定资产的折旧费、防汛抢险支出、农业资产的死亡毁损支出。

七、收益

收益是指村组在一定时期内经济活动的最终财务成果,也就是收入与成本及支出相抵后的差额。它是反映村组集体经济活动的最终要素,通过"本年收益"账户来核算,通过"收益分配——未分配收益"账户来进行反映和分配。

八、村集体经济组织的会计科目

村集体经济组织的会计科目如表1-1所示。

表 1-1　　　　　　　　村集体经济组织会计科目表

一、资产类			三、所有者权益类		
顺序号	科目编号	科目名称	顺序号	科目编号	科目名称
1	101	现金	22	301	资本
2	102	银行存款	23	311	公积公益金
3	111	短期投资	24	321	本年收益
4	112	应收款	25	322	收益分配
5	113	内部往来	四、成本类		
6	121	库存物资	26	401	生产(劳务)成本
7	131	牲畜(禽)资产	五、损益类		
8	132	林木资产	(一) 收入类		
9	141	长期投资	27	501	经营收入
10	151	固定资产	28	511	发包及上交收入
11	152	累计折旧	29	521	农业税附加返还收入
12	153	固定资产清理	30	522	补助收入
13	154	在建工程	31	531	其他收入
14	161	无形资产	32	561	投资收益
二、负债类			(二) 支出类		
15	201	短期借款	33	502	经营支出
16	202	应付款	34	541	管理费用
17	211	应付工资	35	551	其他支出
18	212	应付福利费			
19	221	长期借款及应付款			
20	231	一事一议资金			
21	241	专项应付款			

注：村集体经济组织有无形资产(如土地使用权、商标使用权、农户入股的承包土地经营权等)的，可在"无形资产"科目(科目编号161)中进行核算；有向所属单位拨付资金业务的，可增设"拨付所属单位资金"科目(科目编号171)；对有接受国家投入的或村组集体认为应单列的具有专门用途的款项，在"专项应付款"科目(科目编号241)中核算。在报表附注中还应加以说明以下内容：农户的总股本数、保留的集体股数及每股所包含的经营性资产(经营性净资产)、非经营性资产(资源)、公益性资产的份额等农村集体产权制度改革有关股权设置、股权配置与管理等。

第四节　村集体经济组织会计核算方法

一、借贷记账法的理论基础

借贷记账法是以资产等于负债加所有者权益这个会计恒等式作为理论基础的，即：资产＝负债＋所有者权益。村集体经济组织会计核算遵循权责发生制原理。

二、借贷记账法的概念

借贷记账法是以"借""贷"作为记账符号，以"资产＝负债＋所有者权益"这一平衡公式为理论依据，以"有借必有贷、借贷必相等"作为记账规则的一种复式记账方法。

"借"和"贷"作为记账符号有其专门的含义。

（1）在资产、成本、支出类账户中，"借"表示增加，"贷"表示减少。

（2）在负债、所有者权益、收入类账户中，"借"表示减少，"贷"表示增加。

（3）一般地，资产及成本支出类账户的余额在借方，负债、所有者权益及收入类账户的余额则在贷方。

三、借贷记账法的平衡关系

借贷记账法的平衡公式如下：

资产＝负债＋所有者权益（结转分配后）
资产＋成本＋支出＝负债＋所有者权益＋收入（结转分配前）
全部账户期初借方余额合计＝全部账户期初贷方余额合计
全部账户本期借方发生额合计＝全部账户本期贷方发生额合计
全部账户期末借方余额合计＝全部账户期末贷方余额合计

四、记账规则

借贷记账法的记账规则是"有借必有贷、借贷必相等",即我们在进行账务处理时,必须同时记入借和贷两个方向及相应的会计科目(账户)中,而且记入借方的金额合计与记入贷方的金额合计必须相等。

在实际工作中,若不涉及对外投资事项,一般只允许出现一借一贷、一借多贷或多借一贷。

五、借贷记账法的试算平衡

借贷记账法的基本公式为:

期初余额＋本期增加额－本期减少额＝期末余额

具体试算公式如下。

(1) 资产类、成本类、支出类账户期末余额的计算公式为:

借方期初余额＋借方本期发生额－贷方本期发生额＝借方期末余额

(2) 负债、所有者权益、收入类账户期末余额的计算公式为:

贷方期初余额＋贷方本期发生额－借方本期发生额＝贷方期末余额

账户结构(见总账)一般采用"三栏式"结构,包括记账时间、记账凭证的号码、摘要、发生额(借方发生额、贷方发生额)、余额、核对等内容。

小知识

1. 权责发生制又称应收应付制或应计制,是指以是否取得收到现金的权利或发生支付现金的责任即权责的发生为标志来确认本期收入和费用以及债权和债务。权责发生制要求,凡是当期已经实现的收入和已经发生或应当负担的费用,无论款项是否收付,都应当作为当期的收入和费用,计入利润表;凡是不属于当期的收入和费用,即使款项已在当期收付,也不应当作为当期的收入和费用。

2. 收付实现制又称为现收现付制或现金制,是与权责发生制相对应的一种会计基础,它是以实际收到或支付现金的时间来确认会计期间的收入、费用。收付实现制基础要求,凡是当期收到和支付的现金,都作为当期的收入和费用,计入利润表;凡是当期没有实际收到和付出的现金,都不记录本期收入和费用。

3. 权责发生制与收付实现制的区别在于对收入、费用入账时间的确认不一样。权责发生制指凡是当期已经实现的收入和已经发生或应当负担的费用,无论款项是否收付,都应当作为当期的收入和费用,计入利润表中;凡是不属于当期的收入和费用,即使款项已在当期收付,也不应当作为当期的收入和费用。收付实现制是与权责发生制相对应的一种会计基础,是以款项的实际收付为计算标准,确定本期的收益和费用业务的一种制度,又称为实收实付或现金制。即凡是本期实际收到款项的收益和支出款项的费用,无论经济权利是否应属于本期,均作为本期的收入和费用处理。

4. 我国2006年颁发的《企业会计准则——基本准则》规定,企业应当以权责发生制为基础进行会计确认、计量和报告,行政单位会计采用收付实现制,事业单位会计除经营业务可以采用权责发生制外,其他大部分业务采用收付实现制。

第二章 村集体经济组织资产

第一节 货币资金

货币资金是村集体经济组织资产的重要组成部分,是村集体经济组织资产中流动性最强的资产。根据货币资金存放地点及其用途不同,货币资金分为现金和银行存款。

一、现金的核算

现金是指存放于村集体经济组织财会部门、由出纳人员经管的货币。现金是日常经济活动中一种最重要的支付手段。村集体经济组织应该严格遵守国家有关现金管理的规定,正确进行现金收支核算,监督现金使用的合法性和合理性。

村集体经济组织库存现金的收入、支出和结存情况,通过"现金"账户进行会计核算。该账户的借方登记现金的增加,贷方登记现金的减少,期末账户余额在借方,反映村集体经济组织实际持有的库存现金。一般情况下,出纳账的"现金"余额应与会计账的"现金"余额相符。若出现出纳账"现金"期末余额在贷方的(借方红字),反映出纳人员垫款支出的金额,这种情况应在"应付款"或"内部往来"账户所属明细账户中反映。

有关现金业务核算举例如下。

【例2-1】 某村集体经济组织从开户信用社提取现金500元备用,其会计分录如下:

借：现金　　　　　　　　　　　　　　　　　　　500
　　贷：银行存款　　　　　　　　　　　　　　　　500

【例 2-2】 某村干部张军出差时借款 1 000 元,以现金付讫,其会计分录如下：

借：应收款——村内人员——张军　　　　　　　1 000
　　贷：现金　　　　　　　　　　　　　　　　　1 000

假设村出纳账面现金只有 500 元的备用金,[例 2-2]会计分录即为：

借：应收款——村内人员——张军　　　　　　　1 000
　　贷：现金　　　　　　　　　　　　　　　　　500
　　　　应付款——村内人员——村出纳员××垫付　500

这时,出纳账上就出现了借方红字 500 元(或贷方余额 500 元)。

二、银行存款的核算

银行存款是指村集体经济组织存放于银行或其他金融机构的货币资金。按照国家有关规定,凡是独立核算的单位都必须在当地的银行开设账户。村集体经济组织由委托代理服务中心在其所在地银行开设统一公用账户以后,除按核定的限额保留库存现金外,超过限额的现金必须存入公用银行账户。除了在规定的范围内可以用现金直接支付外,在经营过程中所发生的一切货币收支业务,都必须通过银行存款账户进行结算。

村集体经济组织银行存款的收付及其结存情况通过"银行存款"账户进行会计核算,该账户的借方登记银行存款的增加,贷方登记银行存款的减少,期末余额在借方,反映村集体经济组织期末银行存款的余额。

有关银行存款业务核算举例如下。

【例 2-3】 某村集体经济组织存入银行 1 000 元现金,其会计分录如下：

  借：银行存款   1 000
    贷：现金   1 000

【例2-4】 某村集体经济组织收到村办企业转款上交的利润10 000元，其会计分录如下：

  借：银行存款   10 000
    贷：发包及上交收入   10 000

第二节　应收款项

村集体经济组织的应收款项划分为两类：一是村集体经济组织与外部单位和个人发生的应收及暂付款项；二是村集体经济组织与所属单位和农户发生的应收及暂付款项。

一、外部应收款项的核算

外部应收款项是指村集体经济组织与外部单位和外部个人发生的各种应收及暂付款项。村集体经济组织外部应收款项通过"应收款"账户进行会计核算。该账户借方登记村集体经济组织应收及暂付外部单位和个人的各种款项，贷方登记已经收回的或已转销的应收及暂付款项，余额在借方，反映尚未收回的应收款项。在"应收款"总账下，应按不同的外部单位和个人设置明细账，详细反映各种应收款项的情况。

有关应收款业务核算举例如下。

【例2-5】 村集体经济组织出售给乡镇企业农用塑料薄膜一批，成本16 000元，售价18 520元，货款尚未收到。

该业务应该做两笔分录：一笔是应收款和收入的增加，另一笔是支出的增加和库存物资的减少，会计分录如下：

借：应收款——乡镇企业　　　　　　　　　　　　　　18 520
　　贷：经营收入　　　　　　　　　　　　　　　　　　18 520

同时，结转成本时的会计分录为：

借：经营支出　　　　　　　　　　　　　　　　　　　16 000
　　贷：库存物资　　　　　　　　　　　　　　　　　　16 000

【例2-6】　村集体经济组织收到乡镇企业用转账支票偿还货款18 520元，其会计分录如下：

借：银行存款　　　　　　　　　　　　　　　　　　　18 520
　　贷：应收款——乡镇企业　　　　　　　　　　　　　18 520

二、内部应收款项的核算

内部应收款项是指村集体经济组织与内部所属单位和农户发生的各种应收及暂付款项。村集体经济组织内部应收款项通过"内部往来"账户进行会计核算。"内部往来"是一个双重性质的账户，凡是村集体经济组织与所属单位和农户发生的经济往来业务，都通过本账户进行会计核算。也就是说，它既核算村集体经济组织暂付款项业务，也核算各种应付及暂付款项业务，该账户借方登记村集体经济组织与内部所属单位和农户发生的各种应收及暂付款项和偿还的各种应付及暂收款项，贷方登记村集体经济组织与内部所属单位和农户发生的各种应付及暂收款项和收回的各种应收及暂付款项。该账户各明细账户的期末借方余额合计数反映村集体经济组织所属单位和农户尚欠村集体经济组织的款项总额，各明细账户的期末贷方余额合计数反映村集体经济组织尚欠所属单位和农户的款项总额。

为详细反映内部往来业务情况，村集体经济组织应按所属单位和农户设置明细账户，进行明细核算。各明细账户年末借方余额合计数应在资产负债表的"应收款项"项目内反映，各明细账户年末贷方余额合计数应在资产负债表的"应付款项"项目内反映。

有关内部往来业务核算举例如下。

【例2-7】 村集体经济组织因修建村内桥梁进行一事一议筹资,经村民大会讨论通过,每个农户应交15元筹资款,全村应收3 300元,实际收到3 000元。

一事一议筹资方案经村民大会讨论通过后,内部应收款项和应付一事一议资金同时增加,应记入"内部往来"账户的借方和"一事一议资金"账户的贷方。其会计分录如下:

 借:内部往来——各农户   3 300
  贷:一事一议资金   3 300

收到农户交来的筹资款时,村集体经济组织的现金增加,内部应收款项减少,应记入"现金"账户的借方和"内部往来"账户的贷方。其会计分录如下:

 借:现金   3 000
  贷:内部往来——各农户   3 000

【例2-8】 村集体经济组织因周转需要,向本村农户李二生借入现金1 000元(应有双方签订的相关书面借据一式两份,双方各执一份,并由村集体开出借入款的收款票据)。其会计分录如下:

 借:现金   1 000
  贷:内部往来——李二生   1 000

第三节 存 货

村集体经济组织的存货是指在生产经营过程中持有以备出售,或者仍然处于生产过程中,或者在生产或提供劳务过程中将消耗的各种材料或物资等。具体来讲,村集体经济组织存货包括种子、化肥、燃料、农药、原材料、机械零配件、低值易耗品、在产品、农产品和工业产成品等。

一、存货的计价

村集体经济组织的存货按照下列原则计价。

购入的物资按照买价加上运输费、装卸费、运输途中的合理损耗以及相关税金等计价。生产入库的农产品和工业产成品,按生产过程中发生的实际支出计价。

领用或出售的出库存货的核算,可在"先进先出法""加权平均法""个别计价法"等方法中任选一种,但是一经选定,不得随意变动。

二、存货收发的核算

村集体经济组织存货的收发及结存通过"库存物资"账户进行核算。该账户借方登记外购、自制、委托加工完成、盘盈等原因而增加物资的实际成本;贷方登记发出、领用、对外销售、盘亏、毁损等原因而减少物资的实际成本,余额在借方,反映期末库存物资的实际成本。

有关账务处理举例如下。

【例2-9】 村集体经济组织用银行存款购买水泥8吨,价值2 000元,已入库。

该业务导致村集体经济组织的银行存款减少,库存水泥增加,应记入"库存物资"账户的借方和"银行存款"账户的贷方。其会计分录如下:

借:库存物资——水泥　　　　　　　　　　　　　　　2 000
　　贷:银行存款　　　　　　　　　　　　　　　　　　2 000

【例2-10】 村集体经济组织出售当年入库的水稻1 000公斤,售价为每公斤4元,现金收讫。

销售实现时,村集体经济组织的现金和收入同时增加,应记入"现金"账户的借方和"经营收入"账户的贷方。其会计分录如下:

借:现金 4 000
　　贷:经营收入 4 000

同时,应按入库成本结转已售水稻的成本,借记"经营支出"账户,贷记"库存物资"账户。单位成本=5 600÷4 000=1.4(元/公斤),1 000公斤成本为1 400元。其会计分录如下:

借:经营支出 1 400
　　贷:库存物资——水稻 1 400

三、存货清查的核算

村集体经济组织对存货要定期盘点核对,做到账实相符,年终必须进行一次全面的盘点清查。盘盈的存货,按同类或类似存货的市场价格记入"其他收入";盘亏、毁损和报废的存货,经规定程序批准后,按实际成本扣除责任人或者保险公司赔偿的金额和残料价值,记入"其他支出"。

【例2-11】 村集体经济组织清查出盘盈水稻种子40公斤,每公斤市价为1.4元。经审核批准后记入"其他收入"。其会计分录如下:

借:库存物资——种子 56
　　贷:其他收入——财产物资盘盈 56

【例2-12】 村集体经济组织在年终进行库存存货的盘点清查,发现有100公斤的玉米种子霉烂变质,入库时玉米种子实际成本为每公斤4元,并已全部投保。经保险公司检查,村集体经济组织和保管员李红在保管期间均有过失,经协商同意,保管员承担100元的赔偿责任,村集体经济组织承担150元的赔偿责任,其余部分由保险公司承担。其会计分录如下:

借：应收款——保险公司　　　　　　　　　　　　　150
　　内部往来——李红　　　　　　　　　　　　　　100
　　其他支出——财产物资盘亏　　　　　　　　　　150
　　贷：库存物资——种子　　　　　　　　　　　　400

第四节　农业资产

一、农业资产概述

《村集体经济组织会计制度》引入了农业资产的概念。村集体经济组织的农业资产主要包括牲畜（禽）资产和林木资产。牲畜（禽）资产主要有幼畜、育肥畜、产畜、役畜、饲养的家禽等。林木资产有茶树、果树等经济林木和用材林、薪炭林等非经济林木等。但是作为农业资产收获品的农产品，如已收获的玉米、水果、茶叶等，应作为存货管理和核算，不包括在农业资产范围之内。

农业资产有的是最终收获为农产品的资产或是为出售而持有的资产，如玉米和小麦等庄稼、用材林、存栏待售的牲畜、养殖的鱼虾等，与普通企业的存货相类似。有的则是可以多年连续提供农产品或为生产经营活动提供劳务的资产，如产畜、役畜、经济林木等，接近于普通企业的固定资产。但是，农业资产具有特殊的生物性，其形态、价值以及产生经济利益的方式，都会随着生物的出生、成长、衰老、死亡等自然规律和生产经营活动及突发因素等不断变化，这种变化影响到了农业资产的会计核算。

牲畜和林木等农业资产可能会因所处生命周期中的不同阶段而具备不同资产类别的特点，例如，饲养中的幼畜具有存货的特征；成龄后的产畜或役畜主要提供农产品或劳务，具有长期资产特征；产畜或役畜退役后成为育肥畜，准备饲养后对外出售或宰杀，则重新具备了存货特征。农业资产也可能在同一阶段具备不同资产类别的特征，例如，饲养中的幼畜将来可能对外出售，也可能通过数月、数年的自行培育成为产畜或役畜，对外出售具备了存货特征，而自行培育成为产畜或役畜，又具备了长期资产中在建工程的特点。

农业资产与企业普通的存货或固定资产既有共同点，也有不同点，引入农业资产概念，并在资产负债表上单独作为一类资产进行列报，反映了农业资产是有生命的资产，并且其自身价值与创造价值的方式具有生命周期不断改变的本质特征。将牲畜、林木等以牲畜资产、林木资产命名，而没有采取普通企业中通行的存货、固定资产、在建工程等称谓，是因为这样更鲜明直观，便于广大农村财会人员和农民理解。

牲畜资产的会计核算事项主要包括幼畜及育肥畜饲养、幼畜转为产役畜、产役畜成本摊销、育肥畜出售及成本结转、牲畜资产的处置等。林木资产的会计核算包括林木资产培植、经济林木投产、非经济林木郁闭、经济林木成本摊销、林木资产的处置等。根据不同阶段农业资产的特点，有的费用要予以资本化，增加资产成本，有的费用应列为当期费用，作为当期支出处理。

二、农业资产计价原则

农业资产的计价原则有以下五点。

（1）购入的农业资产按照买价及相关的税费等计价。

（2）幼畜及育肥畜的饲养费用、经济林木投产前的培植费用和非经济林木郁闭前的培植费用按实际成本计入相关资产成本。

（3）产役畜、经济林木投产后，应将其成本扣除预计残值后的部分在其正常生产周期内按直线法分期摊销，预计净残值率可按照产役率、经济林木成本的5%确定。

（4）已提足折耗但未处理仍然继续使用的产役畜、经济林木不再摊销。

（5）农业资产死亡毁损时，按规定程序批准后，按实际成本扣除应由责任人或者保险公司赔偿金额后的余额,计入其他支出。

三、牲畜(禽)资产的核算

牲畜(禽)资产是指村集体经济组织农业资产中的动物资产,主要有幼畜及育肥畜、产畜及役畜等。村集体经济组织应设置"牲畜(禽)资产"账户对其进行核算。该账户的借方登记因购买、接受投资、接受捐赠等原因而增加的牲畜(禽)资产的成本,以及幼畜及育肥畜的饲养费用;贷方登记因出售、对外投资、死亡毁损等原因而减少的牲畜(禽)资产的成本,以及产役畜的成本摊销;期末余额在借方,反映村集经济组织幼畜及育肥畜和产役畜的账面余额。该账户应设置"幼畜及育肥畜""产役畜"两个二级账户,并按牲畜(禽)的种类设置明细账户,进行明细核算。

(一) 牲畜(禽)资产增加的核算

【例2-13】 村集体经济组织从正大养殖场赊购幼牛100头,总价值为60 000元,其会计分录如下:

  借:牲畜(禽)资产——幼畜及育肥畜——幼畜幼牛 60 000
    贷:应付款——正大养殖场 60 000

【例2-14】 村集体经济组织接受光明乳业集团公司投入奶牛30头,双方协议每头奶牛价值为4 000元,其会计分录如下:

  借:牲畜(禽)资产——产役畜——产畜(奶牛) 120 000
    贷:资本——光明乳业集团公司 120 000

若是捐赠生产性农业资产,则记入"公积公益金——公积金"账户核算。

未列入账内核算的牲畜(禽)资产,在农村集体产权制度改革试点时,经清产核资确认后,可按重置成本法列入账内管理和核算,其会计分录如下:

  借:牲畜(禽)资产——××资产
    贷:公积公益金——公积金

(二) 牲畜(禽)资产饲养费用的核算

《村集体经济组织会计制度》规定,幼畜及育肥畜的饲养费用应予以资本化,计入牲畜(禽)资产的成本;产役畜的饲养费用作为期间费用,计入经费支出。

【例 2-15】 村集体经济组织饲养赊购幼牛发生如下费用:应付养牛人员工资 24 000 元,喂牛用饲料 36 000 元。其会计分录如下:

借:牲畜(禽)资产——幼畜及育肥畜——幼牛　　　　60 000
　　贷:应付工资——××养牛人　　　　　　　　　　　24 000
　　　　库存物资——饲养　　　　　　　　　　　　　　36 000

【例 2-16】 村集体经济组织饲养光明乳业投入的奶牛发生 3 000 元费用,用现金支付。其会计分录如下:

借:经营支出——奶牛　　　　　　　　　　　　　　　3 000
　　贷:现金　　　　　　　　　　　　　　　　　　　　3 000

(三) 牲畜(禽)资产转换的核算

幼畜成龄前,作为幼畜(禽)资产中的幼畜及育肥畜核算;幼畜成龄后,要转为牲畜(禽)资产中的产役畜。资产转换通过"牲畜(禽)资产"账户进行明细核算。

【例 2-17】 村集体经济组织赊购的 100 头幼牛成龄转为役畜,预计可使用 10 年,共计支付买价 60 000 元,饲养费用 60 000 元,则:

役牛的成本 = 60 000(买价) + 60 000(饲养费用) = 120 000(元)

其会计分录如下:

借:牲畜(禽)资产——产役畜——幼牛　　　　　　　120 000
　　贷:牲畜(禽)资产——幼畜及育肥畜——幼牛　　　120 000

(四) 产役畜成本摊销的核算

村集体经济组织产役畜的成本扣除预计残值后的部分,应在其正常生产周期内按直线法摊销,计入经营支出。预计净残值率按照产役畜成本的 5% 确定。

【例 2-18】 村集体经济组织当月摊销[例 2-17]中幼牛成龄转为役畜后投入生产的成本。

役牛成本的月摊销额计算如下：

每年应摊销的金额 = 120 000 × (1 − 5%) ÷ 10 = 11 400(元)

每月应摊销的金额 = 11 400 ÷ 12 = 950(元)

编制当月摊销的会计分录如下：

借：经营支出　　　　　　　　　　　　　　　　　　950

　贷：牲畜(禽)资产——产役畜——幼牛　　　　　　950

(五) 牲畜(禽)资产处置的核算

【例 2-19】 村集体经济组织用赊购的 100 头役牛向阳光生态旅游区投资，投资时役牛的账面价值为 119 050 元。

(1) 若双方协议每头役牛价值为 1 300 元(溢价投资)，则会计分录如下：

借：长期投资——阳光生态旅游区　　　　　　　　130 000

　贷：牲畜(禽)资产——产役畜——幼牛　　　　　119 050

　　　公积公益金——公积金　　　　　　　　　　　10 950

(2) 若双方协议每头牛价值为 1 100 元(折价投资)，则会计分录如下：

借：长期投资——阳光生态旅游区　　　　　　　　110 000

　　公积公益金——公积金　　　　　　　　　　　　9 050

　贷：牲畜(禽)资产——产役畜——幼牛　　　　　119 050

四、林木资产及其核算

林木资产是指村集体经济组织通过自行营造、购入或投资者投入等方式取得的茶树、果树等经济林木和经济林木以外的其他林木。林木资产的特点是培植期长(短则十余年，长则几十年)，形态伴随生长阶段而变化，其价值和发挥作用的方式以及为村集体经济组织的生产经营活动贡献方式也随生长阶段发生变化。一般而言,经济林木要经过培植、成熟投产和更新处置等阶段;非经济林木要经过培植、郁闭成林和采伐处置等阶段。

成熟投产前的经济林木,需要发生较多的育苗、抚育、管护等培植费用。投产前的经济林木一般不能够稳定、大宗地产出农产品,此阶段的经济林木如不对外出售,就不能带来现实的经济效益,但是其潜在的经济价值随着其生长而增加。在成熟投产后至更新处置前,还会发生管护费用,但经济林木已经能够通过稳定、大宗地产出农产品而带来现实的经济利益。在更新处置阶段,可能会发生少量的采伐等费用,也会有木材出售的收入。

非经济林木主要包括人工营造的用材林、薪炭林、生态林以及农田防护林等。用材林和薪炭林等非经济林木可以按照郁闭为分界点区分培植和郁闭成林两个阶段。郁闭为林学概念,是指林木的树干、树冠生长发育达到一定标准。郁闭前的非经济林木,需要发生较多的育苗、抚育和管护等培植费用。郁闭后的林木基本上可以比较稳定地成活,一般只需要发生较少的管护费用。

为了反映林木资产的情况和其产生经济利益的特点,《村集体经济组织会计制度》规定,经济林木成熟投产前的培植费用应该资本化,计入经济林木资产成本,成熟投产后发生的管护费用作为当期费用处理;非经济林木郁闭前的培植费用应该资本化,计入非经济林木资产成本,郁闭后发生的管护费用作为当期费用处理。为了简化核算,可以按照当地的生态环境和气候条件,确定各树种种植后能够比较稳定成活所需要的时间,作为非经济林木培植费用是否计入林木资产成本的时点。

为反映和监督村集体经济组织林木资产的情况,村集体经济组织应设置"林木资产"账户进行核算。该账户的借方登记通过购买、接受投资、自行营造、接受捐赠等方式而增加的林木资产的成本,以及成熟投产前的经济林木和郁闭前的非经济林木的培植费用;贷方登记因出售、对外投资、更新、死亡毁损等方式而减少的林木资产的成本,以及林木资产的成本摊销;期末余额在借方,反映村集体经济组织林木资产的账面余额。本账户应设置"经济林木"和"非经济林木"两个二级账户,进行明细核算。

未列入账内核算的林木资产,在农村集体产权制度改革试点时,经清产核资确认后,可按重置成本法列入账内管理和核算,其会计分录如下:

借:林木资产——经济林木
　　　　——非经济林木
　贷:公积公益金——公积金——经济林木
　　　　　　　　——公益金——非经济林木

【例2-20】 村集体经济组织从红河林场购入苹果树苗500棵,植入果园,价款为10 000元;购入杨树苗200棵,种植于公路两侧,价款为5 000元。以上树苗款全部用银行存款支付,其会计分录如下:

借:林木资产——经济林木——苹果树　　　　10 000
　　　　——非经济林木——杨树　　　　　　5 000
　贷:银行存款　　　　　　　　　　　　　　15 000

【例2-21】 村集体经济组织收到南湖公园捐款100盆花卉(已郁闭),用于绿化办公室,所附发票价格为2 500元,其会计分录如下:

借:林木资产——非经济林木——花卉　　　　2 500
　贷:公积公益金——公益金　　　　　　　　2 500

(一) 林木资产培植费用的核算

经济林木投产前和非经济林木郁闭前发生的培植费用、土地租金、设施设备等固定资产的折旧、借款利息等,应予以资本化,增加受益林木资产的成本。

【例2-22】 村集体经济组织培植苹果树支付了2 000元的临时工人工资,使用了1 000元的肥料和600元的农药。

借：林木资产经济林木——苹果树　　　　　　　　　　3 600
　　贷：现金　　　　　　　　　　　　　　　　　　　2 000
　　　　库存物资——肥料　　　　　　　　　　　　　1 000
　　　　　　　　——农药　　　　　　　　　　　　　　600

(二) 林木资产管护费用的核算

经济林木投产后和非经济林木郁闭后发生的管护费用，在会计核算时列为期间费用处理。经济林木投产后发生的管护费用，计入经营支出；土地租金、设施设备等固定资产的折旧计入生产（劳务）成本；非经济林木郁闭后发生的管护费用，计入其他支出。

【例 2-23】 年底，村集体经济组织应付临时聘用的花卉园艺师报酬 300 元。

借：其他支出　　　　　　　　　　　　　　　　　　　300
　　贷：应付款——某园艺师　　　　　　　　　　　　　300

【例 2-24】 20×8 年 1 月，村集体经济组织苹果树开始投产，预计可以正常产果 5 年，共计支付买价 10 000 元，培植费用 3 600 元。20×8 年 2 月，用银行存款支付苹果树当月的管护费用 300 元。其会计分录如下：

借：经营支出　　　　　　　　　　　　　　　　　　　300
　　贷：银行存款　　　　　　　　　　　　　　　　　　300

苹果树投产时，不做会计处理，只在相关账簿中登记备查。

(三) 经济林木成本摊销的核算

村集体经济组织的经济林木投产后，其资产成本已固定，应按月作成本的摊销处理。其成本扣除预计残值后的部分应在其正常生产周期内按直线法摊销，计入经营支出。预计净残值率可按照经济林木成本的 5% 确定。

【例 2-25】 20×8 年 2 月，村集体经济组织开始摊销[例 2-20]和[例 2-22]中苹果树的成本。

苹果树成本的月摊销额计算如下:

$$苹果树的成本 = 10\,000(买价) + 3\,600(培植费用) = 13\,600(元)$$

$$每年应摊销的金额 = 13\,600 \times (1 - 5\%) \div 5 = 2\,584(元)$$

编制当月成本摊销的会计分录如下:

借：经营支出　　　　　　　　　　　　　　　　　　　　215
　　贷：林木资产——经济林木——苹果树　　　　　　　　215

(四) 林木资产处置的核算
1. 林木资产出售的核算

【例 2-26】 村集体经济组织将[例 2-20]中用于公路防护的 200 棵杨树采伐出售,价款 7 000 元,收存银行。杨树成本 5 000 元。

借：银行存款　　　　　　　　　　　　　　　　　　　7 000
　　贷：经营收入　　　　　　　　　　　　　　　　　　7 000

同时结转成本：

借：经营支出　　　　　　　　　　　　　　　　　　　5 000
　　贷：林木资产——非经济林木——杨树　　　　　　　5 000

2. 林木资产对外投资的核算

【例 2-27】 阳光生态旅游区将村集体经济组织的苹果园以投资入股的方式吸纳为一个旅游参观景点,双方协商作价 20 000 元。苹果树成本 13 385 元。

借：长期投资——其他投资　　　　　　　　　　　　　20 000
　　贷：林木资产——经济林木——苹果树　　　　　　13 385
　　　　公积公益金——公积金　　　　　　　　　　　　6 615

3. 林木资产死亡毁损的核算

【例 2-28】 村集体经济组织接受南湖公园捐赠的 100 盆花卉因临时聘用的花卉园艺师施肥过量,全部死亡。经批准,决定由其赔偿

3 000元。花卉成本2 500元。

借：应收款——某园艺师　　　　　　　　　　　　3 000
　　贷：林木资产——非经济林木——花卉　　　　2 500
　　　　其他收入　　　　　　　　　　　　　　　　500

> **小知识**
>
> 森林郁闭度是指森林中树冠对林地的覆盖程度，为林地内树冠的垂直投影面积与林地面积之比。它是以十分数表示的，树冠的垂直投影面积完全覆盖地面，其郁闭度为1；树冠完全衔接，基本无孔隙存在，其郁闭度为1.0～0.9，称为高度郁闭；郁闭度为0.8～0.7，称为中度郁闭；郁闭度为0.6～0.5，称为弱度郁闭；郁闭度为0.4～0.3的，称为极弱度郁闭；郁闭度在0.3以下的，称为疏林。简单地说，郁闭度是指林冠覆盖面积与地表面积的比例。根据联合国粮食及农业组织规定，0.70(含0.70)以上的郁闭林为密林，0.20～0.69为中度郁闭，0.20(不含0.20)以下为疏林。在园林设计中，可以通过种植草坪降低林木的郁闭度。林木按用途可分为经济林、防护林、用材林、薪炭林和特种用途林。

第五节　对外投资

一、短期投资的核算

短期投资是指村集体经济组织购入的能够随时变现、持有时间不超过1年(含1年)的有价证券等投资。

(一) 短期投资的计价

以现金、银行存款等货币资金直接向其他单位进行短期投资的，按照实际支付的款项计价。以现金、银行存款认购1年期以下的债券和股票，按照实际支付的款项计价。以现金、银行存款认购1年期以下的债券和股票,按照实际支付的款项计价,包括支付的手续费等交易费用。

以实物资产(含牲畜和林木)、无形资产方式向其他单位进行短期投资的,按照评估确认或者合同协议约定的价值计价。合同、协议约定的价值与账面净值的差额,计入公积公益金。

(二) 短期投资收益的确认

短期投资的收益包括两部分,即存续期间的持有收益和转让或兑付时的收益。持有投资期间的收益在出售或到期收回之前不进行确认。

(三) 短期投资业务的核算

村集体经济组织应设置"短期投资"账户。发生各项短期投资时,借记"短期投资"账户,贷记"银行存款"等账户;收回、出售和转让各项短期投资时,借记"银行存款"等账户,贷记"短期投资"账户。"短期投资"账户的借方余额,反映村集体经济组织实际持有的对外短期投资总额。为详细反映短期投资状况,村集体经济组织应按短期投资种类设置明细账户,进行明细核算。

村集体经济组织除设置"短期投资"账户外,还应设置"投资收益"账户,用以核算短期投资的收益实现情况。出售或到期收回的短期投资大于原账面金额时,贷记"投资收益"账户;出售或到期收回的短期投资小于原账面金额时,借记"投资收益"账户;年终,应将"投资收益"账户的余额转入"本年收益"账户,如为净收益,转入"本年收益"账户的贷方;如为净损失,转入"本年收益"账户的借方,结转后该账户应无余额。

1. 以货币资金方式进行短期投资的核算

【例2-29】 村集体经济组织以银行存款20 000元对村办拉丝厂进行投资,期限8个月。其会计分录如下:

借:短期投资——拉丝厂   20 000

    贷:银行存款   20 000

2. 以实物、无形资产等方式进行短期投资的核算

【例2-30】 村集体经济组织以库存水泥10吨向基础工程公司投资,期限1年,水泥入库价格为280元/吨。

(1) 如双方协议价为2 800元(平价投资),则会计分录如下:

借:短期投资——基础工程公司　　　　　　　　　　　2 800
　　贷:库存物资——水泥　　　　　　　　　　　　　　　2 800

(2) 如双方协议价为3 000元(溢价投资),则会计分录如下:

借:短期投资——基础工程公司　　　　　　　　　　　3 000
　　贷:库存物资——水泥　　　　　　　　　　　　　　　2 800
　　　　公积公益金——公积金　　　　　　　　　　　　　　200

(3) 如双方协议价为2 500元(折价投资),则会计分录如下:

借:短期投资——基础工程公司　　　　　　　　　　　2 500
　　公积公益金——公积金　　　　　　　　　　　　　　　300
　　贷:库存物资——水泥　　　　　　　　　　　　　　　2 800

3. 短期投资出售、收回的核算

【例2-31】 村集体经济组织出售丙公司股票,原买价加交易费用共计20 200元,售价为21 500元,存入银行。其会计分录如下:

借:银行存款　　　　　　　　　　　　　　　　　　　21 500
　　贷:短期投资——丙公司股票　　　　　　　　　　　　20 200
　　　　投资收益　　　　　　　　　　　　　　　　　　　1 300

二、长期投资的核算

村集体经济组织的长期投资是指不准备在1年内(不含1年)变现的有价证券、实物(不动产)、资产化的资源(权益)等投资。按照一般的分类方法,长期投资可分为股票投资、债券投资和其他投资三类。

(一) 长期投资的计价

长期投资的计价原则与短期投资基本相同。以现金、银行存款等货币资金方式进行长期投资的,按照实际支付的款项计价;以实物、无形资产、资产化的资源(权益)等方式进行长期投资的,按照评估确认或者合同、协议约定的价值计价。购买股票或债券时发生的各项费用,包括经纪人佣金、税金以及手续费等,也计入投资成本。

(二) 长期投资业务的核算

村集体经济组织应设置"长期投资"账户,发生各项长期投资时,借记"长期投资"账户,因到期收回、转让等原因减少各项长期投资时,贷记"长期投资"账户。其余额在借方,反映村集体经济组织实际持有的长期投资总额。村集体经济组织应设置"股票投资""债券投资""其他投资"明细账户,进行明细核算。

长期投资取得的股利、利息、利润等也通过"投资收益"账户核算。其核算方法与短期投资基本相同。

1. 股票投资的核算

股票投资是指村集体经济组织以购买股票的方式对其他单位进行的投资。

村集体经济组织购入股票时,按实际支付的款项,借记"长期投资——股票投资"账户,贷记"银行存款"等账户。被投资单位宣告分配现金股利或利润时,借记"应收款"账户,贷记"投资收益"账户。实际收到现金股利或利润时,借记"现金""银行存款"等账户,贷记"应收款"账户。出售股票时,按实际收到的款项,借记"银行存款"账户,按股票投资的账面价值,贷记"长期投资——股票投资"账户,按其差额,借记或贷记"投资收益"账户。

【例2-32】村集体经济组织购买中兴商厦发行的股票3 000股,每股售价为5元,打算长期持有,购买时支付手续费200元,款项均以银行存款支付。

(1) 购买股票时实际支付的款项为：

$$3\,000 \times 5 + 200 = 15\,200(元)$$

编制会计分录如下：

借：长期投资——股票投资　　　　　　　　　　　15 200
　　贷：银行存款　　　　　　　　　　　　　　　　　15 200

(2) 中兴商厦宣告分配现金股利，每股 0.10 元。编制会计分录如下：

借：应收款——应收股利　　　　　　　　　　　　300
　　贷：投资收益　　　　　　　　　　　　　　　　　300

(3) 村集体经济组织收到中兴商厦发放的股利 300 元，存入银行。编制会计分录如下：

借：银行存款——应收股利　　　　　　　　　　　300
　　贷：应收款——应收股利　　　　　　　　　　　　300

(4) 村集体经济组织出售持有的中兴商厦股票，售价为 18 000 元，存入银行。编制会计分录如下：

借：银行存款　　　　　　　　　　　　　　　　　18 000
　　贷：长期投资——股票投资　　　　　　　　　　15 200
　　　　投资收益　　　　　　　　　　　　　　　　2 800

2. 债券投资的核算

债券投资是村集体经济组织以购买债券的方式对其他单位进行的投资。债券的发行有面值发行、溢价发行和折价发行三种方式。村集体经济组织无论是按面值认购的债券，还是按溢价或折价认购的债券，均应以实际支付的款项作为债券投资的入账价值，包括经纪人佣金、税金以及手续费等。

村集体经济组织购入债券时，按实际支付的款项，借记"长期投资——债券投资"账户，贷记"银行存款"账户。到期收回债券本息时，按实际收到的款项,借记"银行存款"账户,按债券入账价值,贷记"长期投资——债券投资"账户,按其差额,借记或贷记"投资收益"账户。

【例2-33】 村集体经济组织20×8年7月1日购入南洋公司当年1月1日发行的两年期债券10 000元,年利率为10%,截止到购买日的利息为500元,实际支付的全部价款为10 500元。

(1) 购买时的会计分录如下:

借:长期投资——债券投资　　　　　　　　　　　　　10 500
　　贷:银行存款　　　　　　　　　　　　　　　　　　10 500

(2) 到期收回投资本金和利息时的会计分录如下:

借:银行存款　　　　　　　　　　　　　　　　　　　12 000
　　贷:长期投资——债券投资　　　　　　　　　　　　10 500
　　　　投资收益　　　　　　　　　　　　　　　　　　1 500

3. 其他投资的核算

村集体经济组织除了用购买股票和债券方式进行长期投资外,还可以以货币资金、实物、无形资产等直接进行长期投资。村集体经济组织其他投资的形式主要是与外单位进行联营投资,其中,以货币资金进行投资时,按实际支付的金额计价;以实物资产、无形资产、林木资产、资本化的资源、农业景观(景物)等进行投资时,按照评估确认或者合同、协议约定的价值计价,借记"长期投资——其他投资"账户,贷记"现金""银行存款""库存物资""固定资产""林木资产""无形资产"等账户。合同、协议约定的实物资产、无形资产价值与原账面净值之间的差额,计入公积公益金。收回投资时,如果实际收回的价值大于原账面价值,贷记"投资收益"账户;如果实际收回的价值小于原账面价值,借记"投资收益"账户。

【例2-34】 村集体经济组织以机床一台对乡机械制造厂进行联营投资,期限为3年,该机床账面原价为50 000元,已提折旧15 000元,经评估确认其价值为40 000元。其会计分录如下:

借：长期投资——其他投资	40 000
累计折旧	15 000
贷：固定资产——机床	50 000
公积公益金	5 000

假设 3 年后,村集体经济组织收回这台机床,账面已提折旧额为 25 000 元。其会计分录如下：

借：固定资产——机床	50 000
投资收益	15 000
贷：累计折旧	25 000
长期投资——其他投资	40 000

小知识

1. 或有资产是指过去的交易或者事项形成的潜在资产,其存在需通过未来不确定事项的发生或者不发生予以证实。这个不确定性不仅指是否能够基本确定收到,还涉及结果能不能被可靠地计量,只有同时满足了这两个条件才能称为基本确定。

2. 或有资产在满足一定条件之后才能够确认为资产。或有资产确认为资产需要掌握一种情况：与之相关的或有负债已经确认为企业的预计负债了,相关的经济利益流入已经基本能够确定了,那么在这种情况下,这个或有资产才能够转化为资产。

3. 关于或有资产一般的金额都是确定的,因为一旦损失已经确定了,那么或有资产的金额就确定了。所以有的教材中给出的用概率计算金额的方法对于或有负债是有用的,或有资产的确定依赖于或有负债转化为预计负债的金额确定。

4. 或有资产如果涉及的金额比较大,需要在财务报表中进行列报。需要列报的或有事项都是对于企业产生较大经济影响的事项,不仅在金额上,还在于可能性上。

第六节 固定资产

一、固定资产的概念

按照《村集体经济组织会计制度》的规定,村集体经济组织的房屋、建筑物、机器、设备、工具、器具和农业基本建设设施等劳动资料,凡使用年限在1年以上,单位价值在500元以上的均列为固定资产。有些主要生产工具和设备,单位价值虽低于规定标准,但使用年限在1年以上的也可以列为固定资产。

二、固定资产的标准及分类

由于村集体经济组织兼具生产经营和社区管理双重职能,用于社区管理和公益事业的固定资产,如村办小学和敬老院的房屋、建筑物、设备、车辆等,虽然不能给村集体经济组织带来直接的经济利益,但能为村集体经济组织提供服务潜能,也列入村集体经济组织的固定资产。

各种成龄的产役畜等牲畜(禽)资产以及投产后的经济林木资产,具备固定资产的某些特征,但《村集体经济组织会计制度》已将其单独列作农业资产核算,不再包括在固定资产之中。

固定资产核算的任务是,正确及时地记录和核算固定资产的增加、减少情况,并定期进行检查,保证固定资产的安全完整;正确计提固定资产折旧并计入当期费用;正确核算和监督固定资产修理及维护费用的支出情况,保证固定资产发挥正常效能。

为达到上述要求,村集体经济组织应当建立健全固定资产管理制度,在此基础上组织固定资产的核算工作。核算工程主要包括:①对固定资产进行合理分类与计价;②做好有关购建凭证填制、传递和审核工作;③进行固定资产购建、折旧、修理、清理报废等业务的总分类核算和明细分类核算；④定期对固定资产进行盘点清查，做到账实相符，年度终了前必须进行一次全面的盘点清查；⑤健全账簿记录，设置固定资产卡片（台账）和固定资产登记簿，正确及时地记录固定资产的增减变动情况。

固定资产可以按照不同的标准进行分类：按经济用途可分为生产经营用固定资产和非生产经营用固定资产；按所有权关系可分为自有固定资产和租入固定资产；按使用情况可分为在用固定资产、未使用固定资产、不需用固定资产、租出固定资产等。在实际工作中，为加强对固定资产的管理，村集体经济组织应当结合实际情况，按照一定标准对固定资产进行适当分类。一般可按以上几种分类标准，将固定资产综合分为如下几类。

（1）生产经营用固定资产，指直接用于生产经营或生产服务的各种固定资产。如生产经营用房屋及建筑物、机器、设备、工具、器具及农业基本建设设施等。

（2）非生产经营用固定资产，指不直接用于生产经营或生产服务的各种固定资产。如医务室（卫生所）、老年活动室、办公室楼、文化广场、小公园、广播站、幼儿园、学校等方面的用房、设备等。

（3）未使用固定资产和不需用固定资产。未使用的各种固定资产包括尚未投入使用的新增固定资产、待安装的固定资产、进行改建扩建的固定资产以及停止使用一段时间的固定资产；不需用固定资产包括不再适用于村集体经济组织需要，应作处理或准备处理的各种固定资产。

（4）租出或投资出的固定资产，指以租赁方式出租或以入股投资形式投给其他单位或个人使用的固定资产。

三、固定资产的计价原则

村集体经济组织应当根据具体情况，分别确定固定资产（原值）的入账价值。

(1) 购入的固定资产,不需要安装的,按实际支付的买价加上采购费、包装费、运杂费、保险费和交纳的有关税金等计价;需要安装或改装的,还应加上安装费或改装费。

(2) 新建的房屋及建筑物、农业基本建设设施等固定资产,按竣工验收的决算价计价。

(3) 接受捐赠的固定资产,应按发票所列金额加上实际发生的运输费、保险费、安装调试费和应支付的相关税金等计价;无所附凭据的,按同类设备的市价加上应支付的相关税费计价。

(4) 在原有固定资产基础上进行改造、扩建的,按原有固定资产的价值加上改造、扩建工程而增加的支出或减去改造、扩建工程中发生的变价收入计价。

(5) 投资者投入的固定资产,按照投资各方确认的价值计价。

(6) 盘盈的固定资产,按同类设备的市价计价。

四、固定资产增加的核算

村集体经济组织应设置"固定资产""累计折旧"和"在建工程"账户,正确进行固定资产增加的核算。"固定资产"和"累计折旧"账户,分别核算村集体经济组织所有固定资产的原值和累计折旧。"在建工程"账户,核算村集体经济组织进行工程建设、设备安装、农业基本建设设施大修理等发生的实际支出,反映的是正在建设或虽然已建成但还未验收交付使用的固定资产的建设规模,是一个过渡性的账户。

1. 购入的固定资产

【例 2-35】 村集体经济组织购入需要安装的设备一台,以银行存款支付购置费 60 000 元,以现金支付安装费用 4 000 元。其会计分录如下:

借:在建工程　　　　　　　　　　　　　　　　　　　64 000
　　贷:银行存款　　　　　　　　　　　　　　　　　　60 000
　　　　现金　　　　　　　　　　　　　　　　　　　　4 000

安装完工、验收合格并交付使用后,按实际成本结转账目。其会计分录如下:

借:固定资产 64 000
　　贷:在建工程 64 000

2. 自行建造的固定资产

1)自营工程建设形成的固定资产

【例2-36】 村集体经济组织自建办公房屋一幢,建设过程中发生下列经济业务。

(1)购入工程用材料物资一批,价税款共计280 000元,以银行存款支付。其会计分录如下:

借:库存物资 280 000
　　贷:银行存款 280 000

(2)工程领用材料物资280 000元。其会计分录如下:

借:在建工程——自营工程——村办公室楼 280 000
　　贷:库存物资 280 000

(3)工程应负担劳务费用6 000元,其中2 000元以现金支付,另外属于一事一议筹劳用工作价。其会计分录如下:

借:在建工程——自营工程——村办公室楼 6 000
　　贷:现金 2 000
　　　　公积公益金——公益金 4 000

(4)房屋工程完工、验收合格并交付使用后,按实际成本286 000元转入固定资产。其会计分录如下:

借:固定资产——村办公室楼 286 000
　　贷:在建工程——自营工程——村办公室楼 286 000

2)发包工程形成的固定资产

【例2-37】 村集体经济组织建造冷库一座,发包给建筑公司,工程价款为1 200 000元。根据合同规定,在工程开工时,以存款预付

60%的工程价款,其余40%待工程竣工验收合格后一次性付清。

(1) 以银行存款预付工程价款 720 000 元。其会计分录如下:

借:在建工程——承包工程 720 000
　　贷:银行存款 720 000

(2) 工程完工并验收合格后,以银行存款补付工程价款 480 000 元。其会计分录如下:

借:在建工程——承包工程 480 000
　　贷:银行存款 480 000

(3) 工程完工、验收合格并交付使用后,结转工程全部支出 1 200 000 元。其会计分录如下:

借:固定资产——冷库 1200 000
　　贷:在建工程——承包工程 1200 000

3. 改建、扩建的固定资产

【例2-38】 村集体经济组织决定对原有食品加工车间进行扩建,该车间的原值为 700 000 元,已提折旧 200 000 元,以银行存款支付拆除费用 50 000 元,收回材料变价收入 10 000 元存入银行。该车间的扩建承包给建筑公司,合同规定一次性支付其扩建材料、人工及管理费等承包价款共计 500 000 元。

(1) 支付拆除费用 50 000 元。

借:在建工程——承包工程 50 000
　　贷:银行存款 50 000

(2) 收到拆除材料的变价收入 10 000 元。

借:银行存款 10 000
　　贷:在建工程——承包工程 10 000

(3) 以银行存款支付承包单位承包费用 500 000 元。

借:在建工程——承包工程 500 000
　　贷:银行存款 500 000

(4) 扩建工程完工、验收合格并交付使用后,按 540 000 元转账。其会计分录如下:

借:固定资产　　　　　　　　　　　　　　　540 000
　贷:在建工程——承包工程　　　　　　　　　　540 000

扩建完成后,该项车间的原值变为 124(70+50+5-1)万元,已提折旧 20 万元,净值为 104 万元。

4. 投资者投入的固定资产

【例 2-39】 村集体经济组织收到某公司投入已使用过的设备一台,双方约定其净值为 38 000 元,估计已提折旧 2 000 元。其会计分录如下:

借:固定资产　　　　　　　　　　　　　　　40 000
　贷:资本　　　　　　　　　　　　　　　　　38 000
　　　累计折旧　　　　　　　　　　　　　　　2 000

5. 接受捐赠的固定资产

【例 2-40】 村集体经济组织接受捐赠已使用过的农业生产设备一台,估价 56 000 元。其会计分录如下:

借:固定资产　　　　　　　　　　　　　　　56 000
　贷:公积公益金——公积金　　　　　　　　　　56 000

6. 盘盈的固定资产

【例 2-41】 村集体经济组织在年末财产清查中,盘盈电机一台(8 成新),同类电机市场价格为 1 400 元。其会计分录如下:

借:固定资产　　　　　　　　　　　　　　　1 400
　贷:其他收入　　　　　　　　　　　　　　　1 120
　　　累计折旧　　　　　　　　　　　　　　　280

除了上述固定资产外,新农村建设过程中使用土地补偿费的业务核算详见第四章第五节内容,合作开发经营土地的业务核算详见第四章第三节内容。

五、固定资产折旧与修理的核算

(一) 固定资产折旧的计提范围

村集体经济组织的下列固定资产应当计提折旧：①房屋和建筑物；②在用的机械、机器设备、运输车辆、工具器具；③季节性停用、大修理停用的固定资产；④融资租入和以经营方式租出的固定资产。

下列固定资产不计提折旧：①除房屋、建筑物以外的未使用和不需用的固定资产；②以经营租赁方式租入的固定资产；③已提足折旧继续使用的固定资产；④国家规定不提折旧的其他固定资产。

村集体经济组织当月增加的固定资产，当月不提折旧，从下月起计提折旧；当月减少的固定资产，当月照提折旧，从下月起不提折旧。

固定资产提足折旧后，不管能否继续使用，均不再提取折旧；提前报废的固定资产，也不再补提折旧。

(二) 固定资产折旧的计算方法

村集体经济组织固定资产的折旧方法可在"平均年限法""工作量法"等方法中任选一种，但是一经选定，不得随意变动。提取折旧时，可以采用个别折旧率，也可以采用分类折旧率或综合折旧率计提。

1. 平均年限法

平均年限法是在固定资产规定的使用年限内，平均计提折旧的一种方法。采用这种方法，每年计提的折旧额是相等的，并且累计的折旧数呈直线上升，所以也称直线法。其计算公式如下：

$$固定资产年折旧额 = \frac{固定资产原值 - 预计残值 + 预计清理费用}{预计使用年限}$$

$$固定资产月折旧额 = \frac{固定资产年折旧额}{12}$$

$$固定资产年折旧率 = \frac{固定资产年折旧额}{固定资产原值} \times 100\%$$

$$固定资产月折旧率 = \frac{固定资产年折旧额}{12} \times 100\%$$

【例2-42】 村集体经济组织一座仓库原值为20 000元,预计残值为3 000元,清理费用为1 000元,预计可使用30年。则:

$$年折旧额 = [20\ 000 - (3\ 000 - 1\ 000)] \div 30 = 600(元)$$

$$年折旧率 = 600 \div 20\ 000 \times 100\% = 3\%$$

2. 工作量法

工作量法是按固定资产在使用年限内能够提供的工作量计算折旧额的一种方法。采用工作量法计算固定资产的折旧额时,要先根据其原值、预计净残值及预计完成的总工作量(如总行驶里程、总工作小时、总产品数量等)三个因素,计算出单位工作量折旧额,然后再用其乘以某期实际完成的工作量,求得该期的固定资产折旧额。具体计算公式如下:

$$单位工作量折旧额 = \frac{固定资产原值 - 预计残值 + 预计清理费用}{预计可完成总工作量}$$

$$年(月)折旧额 = 某年(月)实际完成工作量 \times 单位工作量折旧额$$

【例2-43】 村集体经济组织有一台设备,原价为78 000元,预计可以使用75 000小时,预计残值收入为5 000元,清理费用为2 000元,本年实际使用该设备9 000小时。则该项固定资产的月折旧额为:

$$每小时折旧额 = \frac{78\ 000 - 5\ 000 + 2\ 000}{75\ 000} = 1(元)$$

$$月折旧额 = (9\ 000 \div 12) \times 1 = 750(元)$$

(三) 固定资产折旧的账务处理

村集体经济组织直接组织生产经营用的固定资产计提的折旧,应计入生产(劳务)成本;为农户提供生产经营服务性质用的固定资产(如农户承包土地范围内的农田水利设施设备等)计提的折旧,应计入经营支出;管理用的固定资产计提的折旧,应计入管理费用;用于公益性用途的固定资产计提的折旧,应计入其他支出。

【例2-44】 村集体经济组织本年应计提固定资产折旧29 600

元,其中生产经营用固定资产折旧 21 600 元,管理用固定资产折旧 3 000 元,公益性固定资产折旧 5 000 元。其会计分录如下:

借:生产(劳务)成本　　　　　　　　　　　　　　　21 600
　　管理费用　　　　　　　　　　　　　　　　　　　3 000
　　其他支出　　　　　　　　　　　　　　　　　　　5 000
　贷:累计折旧　　　　　　　　　　　　　　　　　　29 600

(四) 固定资产修理的核算

村集体经济组织固定资产的修理费用,直接计入有关支出。

【例 2-45】 村集体经济组织以现金支付农用车修理费 300 元,村扩音器修理费 200 元,文化活动场所修理费 400 元。其会计分录如下:

借:经营支出　　　　　　　　　　　　　　　　　　　300
　　管理费用　　　　　　　　　　　　　　　　　　　200
　　其他支出　　　　　　　　　　　　　　　　　　　400
　贷:现金　　　　　　　　　　　　　　　　　　　　900

六、固定资产减少的核算

(一) 固定资产清理的核算

村集体经济组织应设置"固定资产清理"账户,核算因出售、报废和毁损等原因转入清理的固定资产净值及其在清理过程中所发生的清理费用和清理收入。清理完毕后,如为净收益,转入其他收入;如为净损失,转入其他支出。

【例 2-46】 村集体经济组织将一台不需用的机器对外出售,其账面原值为 10 000 元,累计已提折旧 4 000 元,协议价为 7 000 元,收到价款转存银行,另以现金支付设备拆除及运杂费用 300 元。

(1) 注销转入清理的机器原价及累计折旧。其会计分录如下:

借:固定资产清理　　　　　　　　　　　　　　　　6 000
　　累计折旧　　　　　　　　　　　　　　　　　　4 000
　贷:固定资产　　　　　　　　　　　　　　　　　10 000

（2）取得卖价收入7000元，转存银行。其会计分录如下：

借：银行存款　　　　　　　　　　　　　　　　　7 000
　　贷：固定资产清理　　　　　　　　　　　　　　　7 000

（3）以现金支付清理费用300元。其会计分录如下：

借：固定资产清理　　　　　　　　　　　　　　　300
　　贷：现金　　　　　　　　　　　　　　　　　　　300

（4）结转该机器清理净收益700元。其会计分录如下：

借：固定资产清理　　　　　　　　　　　　　　　700
　　贷：其他收入　　　　　　　　　　　　　　　　　700

（二）固定资产盘亏的核算

村集体经济组织盘亏的固定资产，应查明原因，按规定程序批准后，按其原价扣除累计折旧、变价收入、过失人及保险公司赔款之后，计入其他支出。

【例2-47】 村集体经济组织在财产清查中，盘亏柴油机一台，原价为2 000元，已提折旧800元。经查明柴油机损坏属保管人员看护失误，决定由其赔偿现金300元。其会计分录如下：

借：现金　　　　　　　　　　　　　　　　　　　300
　　其他支出　　　　　　　　　　　　　　　　　　900
　　累计折旧　　　　　　　　　　　　　　　　　　800
　　贷：固定资产　　　　　　　　　　　　　　　　2 000

> **小知识**
>
> 资产评估的基本方法主要有以下四种。
>
> （1）收益现值法。它是通过估算被评估资产在可以预见到的未来若干年内每年的预期收益，并采用适宜的折现率折算成现值，然后累加求和，得出被评估资产的现时价格，即评估值。

（2）重置成本法。它是用现时条件下重新购置或建造一个全新状态的被评估资产所需的全部成本，减去被评估资产实际已经发生的实体性陈旧贬值、功能性陈旧贬值和经济性陈旧贬值，得到的差额作为被评估资产的现时价格，即评估价。或者，估算出被评估资产与其全新状态相比有几成新，即成新率，然后用全部成本与成新率相乘，得到的乘积作为评估价。

（3）现行市价法，也称现价比较分析法。它是指在市场上选择相同或近似的资产作为参照物，针对各项价值影响因素，将被评估资产与参照物进行价格差异的比较调整后，得出被评估资产的评估价。

还有一种比较收益法，是指对在建、将建或将接受经营的资产，通过在市场上选择相同或近似的资产所产生的收益作为参照物，针对各项价值影响因素，将被评估资产与参照物进行收益差异的比较调整后，推算得出被评估资产的评估价。

（4）清算价格法。它是指企业在破产或停业时，按清算价格确定被评估资产的价格，即根据企业清算对资产可变现的价值，评定重估确定所需评估的资产价值的方法。清算价格法的步骤如下：①进行市场调查，搜集与被评估资产或类似资产清算拍卖的价格资料；②分析、验证价格资料的科学性和可靠性；③逐项对比分析评估与参照物的差异及其程度，包括实物差异、市场条件、时间差异和区域差异等；④根据差异程度及其他影响因素，估算被评估资产的价值，最后得出评估结果；⑤根据市场调查计算出结果，对清算价格进行评估。清算价格法适用于企业破产、抵押、清理等情况发生时。

第三章 村集体经济组织负债

第一节 负债概述

一、负债的概念及特征

负债是指村集体经济组织因过去的交易、事项形成的现时义务，履行该义务预期会导致经济利益流出村集体经济组织。负债通常具有以下三个基本特征。

（1）负债是基于过去的交易或事项而产生的。也就是说，导致负债的交易或事项必须已经发生，例如，村集体经济组织向外单位购买货物会产生应付款（已经预付或是在交货时支付的款项除外），从银行或信用社借入款项则会产生偿还借款的义务。但是，村集体经济组织正在筹划的未来交易或事项，如村集体经济组织的借款计划等，并不会产生负债。

（2）负债是村集体经济组织承担的现时义务。负债一般是由具有约束力的合同或因法定要求等而产生的义务，如村集体经济组织因向外单位购买货物而产生的应付款等。

（3）负债通常需要在未来某一特定时日用资产或劳务来偿付。

二、负债的分类

按偿还期限长短的不同，村集体经济组织的负债可以分为流动负债和长期负债。流动负债是指偿还期在1年以内（含1年）的债务，包括短期借款、应付款项、应付工资、应付福利费等。长期负债是指偿还期超过1年以上(不含1年)的债务,包括长期借款及应付款、一事一议资金等。

三、负债核算的基本要求

《村集体经济组织会计制度》规定,各项负债应按实际发生的数额计价。短期借款和长期借款应当按照借款本金和确定的利率按期计提利息,计入其他支出。

第二节 流动负债

一、短期借款的核算

短期借款是指从银行、信用社和有关单位、个人借入的期限在1年以下(含1年)的各种借款。村集体经济组织的短期借款通过"短期借款"账户进行核算。该账户属于负债类账户,贷方登记取得短期借款的数额;借方登记归还借款的数额;期末贷方余额反映尚未归还的短期借款数额。该账户应按借款单位或借款人名称设置明细账户,进行明细核算。

【例3-1】 村集体经济组织向银行借入半年期借款5 000元,存入银行。其会计分录如下:

借:银行存款   5 000
　　贷:短期借款   5 000

【例3-2】 村集体经济组织从银行借的5 000元于6个月后用银行存款支付本息共5 300元。

借:短期借款   5 000
　　其他支出   300
　　贷:银行存款   5 300

二、应付款的核算

应付款是指村集体经济组织与外单位和外部个人发生的偿还期在1年以下(含1年)的各种应付及暂收款项。应付及暂收款的核算应设置"应付款"账户,该账户属于负债类账户。同时,按应付款的不同单位和个人设置明细账户,进行明细核算。发生应付及暂收款时,借记"银行存款""库存物资"等账户,贷记该账户;实际支付款项时,借记该账户,贷记"现金""银行存款"等账户;期末贷方余额反映村集体经济组织应付而未付及暂收的款项总额。

【例3-3】 村集体经济组织为供电站代收电费2 000元,存入信用社。其会计分录如下:

借:银行存款　　　　　　　　　　　　　　　　　2 000
　　贷:应付款——供电站　　　　　　　　　　　　　　2 000

【例3-4】 村集体经济组织从供销社购入一批化肥,已入库,货款2 000元暂欠。其会计分录如下:

借:库存物资——化肥　　　　　　　　　　　　　　2 000
　　贷:应付款——供销社　　　　　　　　　　　　　　2 000

【例3-5】 村集体经济组织有一笔应付款为200元,因原债权单位撤销确实无法支付,经批准后核销。其会计分录如下:

借:应付款　　　　　　　　　　　　　　　　　　　200
　　贷:其他收入　　　　　　　　　　　　　　　　　　200

三、应付工资的核算

应付工资是指村集体经济组织应付给其管理人员及固定员工的工资报酬。这些工资、奖金、津贴、福利补助等,无论是否在当月支付,都应通过"应付工资"账户进行核算,该账户为负债类账户。村集体经济组织按照经过批准的金额提取工资时,根据人员岗位,分别借记"管理费用""生产(劳务)成本""牲畜(禽)资产""林木资产""在建工程"等账户，贷记该账户；实际发放工资时，借记该账户，贷记"现金"等账户；期末贷方余额反映已提取但尚未支付的工资额。该账户应按照管理人员和固定员工的类别及应付工资的组成内容设置明细账户，进行明细核算。

村集体经济组织应付给临时员工的报酬，不通过"应付工资"账户核算，而是在"应付款"或"内部往来"账户中核算。

【例3-6】 村集体经济组织经批准，提取村办包装材料厂固定员工5月份的工资报酬20 000元。其会计分录如下：

借：生产(劳务)成本——包装材料　　　　　　　　　20 000
　　贷：应付工资　　　　　　　　　　　　　　　　　　20 000

【例3-7】 村集体经济组织按规定提取并以现金形式发放10月份管理人员工资3 000元。

（1）提取时的会计分录如下：

借：管理费用　　　　　　　　　　　　　　　　　　　3 000
　　贷：应付工资　　　　　　　　　　　　　　　　　　3 000

（2）发放时的会计分录如下：

借：应付工资　　　　　　　　　　　　　　　　　　　3 000
　　贷：现金　　　　　　　　　　　　　　　　　　　　3 000

四、应付福利费的核算

应付福利费是指村集体经济组织从收益中提取，用于集体福利、文教、卫生等方面的福利费（不包括兴建集体福利等公益设施的支出），包括照顾烈军属、五保户、困难户的支出，计划生育支出，农民因公伤亡的医药费、生活补助及抚恤金，等等。村集体经济组织应设置"应付福利费"账户进行核算，该账户属于负债类账户。从收益中提取福利费时，借记"收益分配"账户，贷记该账户；发生福利费支出时，借记该账户,贷记"现金""银行存款"等账户;期末贷方余额反映村集体经济组织已提取但尚未使用的福利费金额;如为借方余额,则反映本年福利费超支金额,经批准后应按规定转入"公积公益金——公益金"账户的借方,未经批准的超支数额仍保留在该账户的借方。该账户应按支出项目设置明细账户,进行明细核算。

【例3-8】 村集体经济组织年终经批准从收益中提取福利费10 000元。其会计分录如下:

　　借:收益分配——各项分配　　　　　　　　　　　　　　10 000
　　　　贷:应付福利费　　　　　　　　　　　　　　　　　　10 000

【例3-9】 村集体经济组织以现金支付某村民因公负伤治疗费500元。其会计分录如下:

　　借:应付福利费　　　　　　　　　　　　　　　　　　　　500
　　　　贷:现金　　　　　　　　　　　　　　　　　　　　　　500

【例3-10】 20×8年,村集体经济组织福利费开支数额大于提取数额,导致"应付福利费"账户年终余额为借方3 500元,经批准同意结转。其会计分录如下:

　　借:公积公益金——公益金　　　　　　　　　　　　　　3 500
　　　　贷:应付福利费　　　　　　　　　　　　　　　　　　3 500

第三节　长期借款及应付款

　　长期借款及应付款是指村集体经济组织从银行、信用社和有关单位、个人借入的期限在1年以上(不含1年)的借款及偿还期在1年以上(不含1年)的应付款项。村集体经济组织应设置"长期借款及应付款"账户,该账户属于负债类账户。发生长期借款及应付款时,借记"现金""银行存款""库存物资""固定资产"等账户,贷记该账户;归还和偿付长期借款及应付款时,借记该账户,贷记"现金""银行存款"等账户;期末贷方余额反映村集体经济组织尚未归还和偿付的长期借款及应付款总额。发生长期借款的利息支出时,借记"其他支出"账户,贷记"现金""银行存款"等账户。发生确实无法偿还的长期借款及应付款时,借记该账户,贷记"其他收入"账户。长期借款及应付款要按借款及应付款单位和个人设置明细账户,进行明细核算。

【例3-11】 20×8年11月,村集体经济组织与外商签订合同,采用补偿贸易方式引进需要安装的农产品深加工设备一套,设备款为100 000元,约定投产后以产品形式分5年偿还。其会计分录如下:

借:在建工程——农产品加工设备　　　　　　　　　100 000
　　贷:长期借款及应付款——××外商　　　　　　　100 000

因固定资产建造而借入的款项,在建造期间发生的借款利息应资本化计入建造成本,计提应付利息。其会计分录如下:

借:应付款——应付利息
　　贷:在建工程——××工程

固定资产建造完工验收后的利息记入"其他支出——利息支出"账户。

【例3-12】 村集体经济组织以信用社存款偿还1年前从乡财政所借入的低息农业开发资金15 000元,支付利息600元。其会计分录如下:

借:长期借款及应付款——乡财政所　　　　　　　　15 000
　　其他支出——利息支出　　　　　　　　　　　　　　600
　　贷:银行存款——信用社　　　　　　　　　　　　15 600

第四节　一事一议资金

一、村集体经济组织一事一议筹资筹劳的内容

按照国家的有关规定,村集体经济组织向农民筹资筹劳,主要用

于本村范围内农田水利基本建设、植树造林、修建村级道路等集体生产、公益事业；对跨村的大型集体公益事业，经村集体经济组织社员（村民）大会或社员（村民）代表大会讨论同意后，可以跨村使用。

村集体经济组织向农民筹资筹劳，应该符合国家的有关规定。应实行一事一议、民主决策、民主管理制度，本着量力而行、群众受益、事前预算、上限控制的原则进行。村集体经济组织需要向农民筹资筹劳的项目、数额等事项，由村集体经济组织（村民委员会）事前提出并做预算，经社员（村民）大会讨论后通过；筹资筹劳决定通过后，村集体经济组织（村民委员会）应当将筹资筹劳的决定报经乡镇农村经营管理部门审核，由乡镇人民政府审批；乡镇人民政府批准后报县级农民负担监督管理部门备案。

二、村集体经济组织筹集的一事一议资金核算

一事一议资金是指村集体经济组织兴办村民受益的生产、公益事业时，按照国家法规、政策的规定，以一事一议的形式向村民筹集的专项资金。村集体经济组织应设置"一事一议资金"账户，该账户属于负债类账户，贷方登记筹资额，借方登记使用额。该账户的期末贷方余额反映村集体经济组织应当用于一事一议专项工程建设的资金；期末借方余额反映村集体经济组织一事一议专项工程建设的超支数。该账户应按所议项目设置明细账户，进行明细核算。同时，必须另设备查账簿对一事一议资金的筹集和使用情况进行登记。

村集体经济组织使用一事一议筹劳进行生产公益设备建设，不需要支付劳务报酬的，按当地劳务价格标准作价，借记"在建工程"账户，贷记"公积公益金"账户；需要支付劳务报酬的，按实际支付的款项，借记"在建工程"账户，贷记"内部往来""应付工资"等账户。

（一）一事一议资金的筹集

村集体经济组织应于一事一议筹资方案经成员大会通过时，借记"内部往来"账户，贷记"一事一议资金"账户；收到农户交来的一事一

议专项筹资时,借记"现金"等账户,贷记"内部往来"账户。

【例3-13】 村集体经济组织通过一事一议筹资筹劳方式修环村路,按人均15元的标准收取一事一议资金。本村共2 000人,款项全部收齐,存入信用社。

(1) 筹资方案通过时的会计分录如下:

借:内部往来——各户村民　　　　　　　　　　　30 000
　　贷:一事一议资金——修环村路　　　　　　　　30 000

(2) 收到筹资款后的会计分录如下:

借:银行存款　　　　　　　　　　　　　　　　　30 000
　　贷:内部往来——各户村民　　　　　　　　　　30 000

(二) 用一事一议资金购入不需要安装的固定资产

村集体经济组织用一事一议资金购入不需要安装的固定资产,借记"固定资产"账户,贷记"现金""银行存款"等账户,同时,借记"一事一议资金"账户,贷记"公积公益金"账户。

【例3-14】 村集体经济组织通过一事一议方式筹资3 000元,购入一台推土机,用于平整集体土地。其会计分录如下:

借:固定资产　　　　　　　　　　　　　　　　　3 000
　　贷:现金　　　　　　　　　　　　　　　　　　3 000
借:一事一议资金——购推土机　　　　　　　　　3 000
　　贷:公积公益金　　　　　　　　　　　　　　　3 000

(三) 用一事一议资金购入需要安装或建造固定资产

村集体经济组织用一事一议资金购入需要安装或建造固定资产的,借记"在建工程"账户,贷记"现金""银行存款"等账户。固定资产完工后,借记"固定资产"账户,贷记"在建工程"账户,同时,借记"一事一议资金"账户,贷记"公积公益金"账户。

【例3-15】 村集体经济组织通过一事一议筹资筹劳方式新建一座抽水站,支付材料及安装施工费12 800元,设计费1 000元,用银行存款支付,共计投入劳务1 000个工,当地劳务价格标准为15元/工。

(1) 支付工程建设相关款项时的会计分录如下:

借:在建工程——抽水站　　　　　　　　　　　　　13 800
　　贷:银行存款　　　　　　　　　　　　　　　　　　13 800

(2) 发生劳务投入时的会计分录如下:

借:在建工程——抽水站　　　　　　　　　　　　　15 000
　　贷:公积公益金　　　　　　　　　　　　　　　　　15 000

(3) 工程完工交付使用时的会计分录如下:

借:固定资产——抽水站　　　　　　　　　　　　　28 800
　　贷:在建工程——抽水站　　　　　　　　　　　　　28 800

(4) 将一事一议筹资转入积累的会计分录如下:

借:一事一议资金——建抽水站　　　　　　　　　　13 800
　　贷:公积公益金　　　　　　　　　　　　　　　　　13 800

(四) 使用一事一议资金而没有形成固定资产的项目

村集体经济组织对于使用一事一议资金而没有形成固定资产的项目,在项目支出发生时,借记"在建工程"账户,贷记"现金""银行存款"等账户;在项目完成后,按使用一事一议资金的金额借记"管理费用""其他支出"等账户,同时,借记"一事一议资金"账户,贷记"公积公益金"账户。

【例3-16】 村集体经济组织维修环村路(铺设沙石、除草、清除淤泥等),通过一事一议方式筹集资金30 000元,共发生费用28 000元,用银行存款支付,共计投入劳务2 000个工,当地劳务价格标准为10元/工。

(1) 支付工程建设费用时的会计分录如下:

借:在建工程——环村路　　　　　　　　　　　　　28 000
　　贷:银行存款　　　　　　　　　　　　　　　　　　28 000

(2) 发生劳务投入时的会计分录如下：

借：在建工程——环村路　　　　　　　　　　　　20 000
　贷：公积公益金　　　　　　　　　　　　　　　　20 000

(3) 工程完工结算时的会计分录如下：

借：其他支出　　　　　　　　　　　　　　　　　48 000
　贷：在建工程——环村路　　　　　　　　　　　　48 000

(4) 将一事一议筹资转入积累的会计分录如下：

借：一事一议资金——维修环村路　　　　　　　　28 000
　贷：公积公益金　　　　　　　　　　　　　　　　28 000

三、一事一议财政奖补资金核算

村级一事一议财政奖补是政府对村集体经济组织通过一事一议筹资筹劳的形式开展村级公益事业的行为给予奖励补助的一项财政支农新制度，是公共财政覆盖农村的又一重大举措。村级一事一议筹资筹劳是村民委员会在兴办农田水利基本建设、植树造林、道路修建维护等村民直接受益的集体生产公益事业时，通过村民大会或村民代表大会集体决定，实行一事一议的办法筹集资金和劳务的制度，是农村税费改革取消农业税、村提留、乡统筹和农村"两工"以后，村级公益事业建设所需资金和劳务的主要来源。

(1) 收到财政部门拨入一事一议奖补资金时的会计分录如下：

借：银行存款
　贷：专项应付款——财政奖补资金

(2) 村级进行公益专项工程建设，通过"在建工程"账户归集有关费用的会计分录如下：

借：在建工程
　贷：银行存款(或现金)

（3）项目完工结算时，项目形成固定资产的会计分录如下：

借：固定资产——××项目
　　贷：在建工程——××项目

项目没有形成固定资产的会计分录如下：

借：其他支出
　　贷：在建工程——××项目

（4）结转专项资金时的会计分录如下：

借：专项应付款——财政奖补资金
　　贷：公积公益金

第五节　专项应付款

一、专项应付款的概念和管理要求

专项应付款（专款）是指村集体经济组织接受上级部门、企事业单位、个人拨入（给予）的具有专门用途的款项（无指定专门用途的款项，可在"补助收入"或"其他收入"账户中进行核算）。此类款项一般应有明确的专门用途，特别强调专款专用，不得挪作他用，多用于购建固定资产等资本化支出，有的也专项用于公共服务方面的支出，比如，农村村内道路维护资金，村社干部报酬等公共运行维护资金，护林防火、环境综合治理资金，维稳资金，农村专项改革补助资金，扶贫资金，救灾救济资金，文化建设及体育活动资金，等等。

二、专项应付款的核算

专项应付款的核算业务主要包括收到款项、使用款项、项目完工结转和款项余额的处理等。实际收到专项拨款时，借记"银行存款"账户,贷记"专项应付款"账户;支用专项资金时,借记"在建工程"等,贷记"银行存款"账户;拨款项目完成后,形成资产的部分应按实际成本,借记"固定资产"等账户,贷记"在建工程"等账户,同时,借记"专项应付款"账户,贷记"公积公益金——上级无偿拨补资金"账户;未形成资产的部分,报经批准后,借记"专项应付款"账户,贷记"在建工程"等账户。拨款项目完成后,如有拨款结余需要上交的,借记"专项应付款"账户,贷记"银行存款"账户;如拨款结余不需要上交的,借记"专项应付款"账户,贷记"公积公益金——上级无偿拨补资金"账户。"专项应付款"账户应按专项应付款种类设置明细账户,进行明细核算,每一拨款项目完成后,该明细账户应无余额。

(1) 实际收到专项款项时的会计分录如下:

借:银行存款
　　贷:专项应付款——××项目

(2) 专项资金的支用,分以下三种情况。

① 通过采购(并安装)后直接形成固定资产的,记账时增加固定资产,同时结转专项应付款,增加村集体积累,会计分录如下:

借:固定资产——××项目
　　贷:银行存款
借:专项应付款——××项目
　　贷:公积公益金

② 专项资金项目需经历建设过程的,无论是否形成固定资产,都通过"在建工程"归集相关支出,会计分录如下:

借:在建工程——××项目
　　贷:银行存款

③ 专项资金项目无需经历建设过程,也不形成固定资产的,而是直接使用专项资金,以补助方式兑现到农户或相关主体的(如救灾救济资金等),会计分录如下:

借：专项应付款——××项目
　　贷：银行存款
　　　　库存物资——××物资(采购物资补助或发放的)

(3) 专项资金项目建设完成，工程验收合格并交付使用后，结转工程成本，分以下两种情况：

① 形成固定资产的，应按实际成本结转在建工程增加的固定资产，同时按实际使用的专项资金将专项应付款转入村集体积累，会计分录如下：

借：固定资产——××项目
　　贷：在建工程——××项目
借：专项应付款——××项目
　　贷：公积公益金

② 未形成固定资产的，按实际开支金额直接冲减"在建工程"账户，同时按实际使用的专项资金将专项应付款结转到"补助收入"等账户，会计分录如下：

借：其他支出(或管理费用或经营支出)
　　贷：在建工程——××项目
借：专项应付款——××项目
　　贷：补助收入

(4) 若是上级给予补助并要求按报账制进行资金管理的，款项由乡级财政所(或县、乡农业农村管理部门)直接支付给建筑单位的，这时，村集体经济组织应向乡级财政所(或县、乡农业农村管理部门)索要发票复印件并附相关说明。用发票复印件和相关说明(文件资料等)记账，会计分录如下：

借：在建工程——××项目
　　贷：公积公益金

若结算与验收在先，财政资金报账在后的，结算时，会计分录如下：

借：在建工程——××项目
    贷：专项应付款——××工程队——乡财政所(或县乡农业农村管理部门)

财政报账时,村集体经济组织向乡级财政所(或县、乡农业农村管理部门)索要发票复印件和相关说明,会计分录如下：

借：专项应付款——××工程队——乡财政所(或县乡农业农村管理部门)
    贷：公积公益金

(5) 专项资金项目完成后,项目资金余额的处理分以下两种情况：

① 专项资金余额,经请示划留归村集体所有的,可视同捐赠资金转入村集体积累,会计分录如下：

借：专项应付款——××项目
    贷：公积公益金——其他

② 专项资金结余款项退回原拨款(给付)单位的,会计分录如下：

借：专项应付款——××项目
    贷：银行存款

第四章 村集体经济组织所有者权益

第一节 所有者权益概述

一、所有者权益的概念

所有者权益是村集体经济组织及其投资者在村集体经济组织资产中享有的经济利益,在数量上等于村集体经济组织全部资产减去全部负债后的余额。从其形成来看,村集体经济组织的所有者权益主要来源于投资者的初始投资、追加的投资、取得的公积公益金以及村集体经济组织生产经营期间实现的收益等。

投资者和债权人都是村集体经济组织资产的提供者,他们对村集体资产都有相应的要求权。在村集体经济组织的资产负债表中,负债和所有者权益两者的总计金额等于资产的总计金额。但是,投资者对村集体经济组织的投资,一般不能提前撤回投资,而负债一般都有规定的偿还期限,必须在一定时期内偿还;此外,投资者以利润等形式参与村集体经济组织的利润分配,而债权人通常不能参与利润分配,只能按规定的条件得到偿付并获取利息收入。

二、所有者权益的内容

村集体经济组织的所有者权益主要包括资本、公积公益金和未分配收益三部分内容,应当在资产负债表中分别列示。

所有者权益是村集体经济组织所有者对村集体经济组织净资产

的所有权。一般情况下,村集体经济组织的主要所有者是其成员,少数村集体经济组织还有外来投资,所有者还包括外部投资者。为使所有者了解投入资本的保值增值情况以及村集体经济组织的资本积累情况,村集体经济组织应当认真进行所有者权益的核算,为所有者及有关方面正确决策提供可靠的资料。

第二节 资 本

一、资本的概念

这里的资本是指村集体经济组织实际收到的投资者投入的资本。它是村集体经济组织进行生产经营活动的前提,也是投资者分享权益和承担义务的依据之一。村集体经济组织对筹集的资本依法享有经营权。各投资者按投入的资本比例或者按照合同或协议的规定分配收益,分担风险。

村集体经济组织根据国家有关法律、法规的规定,可以采取多种形式筹集资本。村集体经济组织对投入的资产要按有关规定进行评估,投入的劳务要合理计价。按照投资主体的不同,村集体经济组织的资本通常可以分为村(组)资本、外单位资本、个人资本和国家资本等。村(组)资本指村(组)以其依法可以支配的资产和劳务投入村集体经济组织形成的资本,包括原生产队积累折股股金和合作化时期形成的股份基金;外单位资本指村集体经济组织以外的单位以其依法可以支配的资产投入村集体经济组织形成的资本;个人资本指村集体经济组织内部成员或社会个人以个人合法财产投入村集体经济组织形成的资本;国家资本指有权代表国家投资的政府部门或者机构以国有资产投入村集体经济组织形成的资本;此外,在一些经济发达地区,村集体经济组织的资本还有外商投入的资本等。

二、投入资本的计价原则

（1）现金投资。投资者投入的人民币，按实际收到的现款金额入账；投入的外币，应按协议、章程中规定的汇价折合成人民币记账；如果协议、章程中未作规定，应按收款日的市场汇价折合成人民币记账。

（2）实物投资。投资者投入的房屋、运输工具、大型农业机械、建筑材料等实物资产，按投资各方确认的价值计价。投资者以实物投资，必须出具资产所有权和处置权的证明。投资者不得以租赁的资产或者已作为担保物的资产进行投资。

（3）劳务投资。投资者投入的劳务一般应按当地劳务价格标准作价入账。

（4）无形资产投资。投资者以专利权、专有技术、商标权、特许经营权、场地使用权进行的无形资产投资，应按评估确认的价值入账。

三、资本的核算

为了反映投资人实际投入的资本以及资本的增减变化情况，应设置"资本"账户，该账户属于所有者权益类账户，贷方登记实际收到的资本金额以及用公积公益金转增的资本数额，借方登记按规定程序减少的资本数额，期末贷方余额反映村集体经济组织实际拥有的资本总额。该账户应按投资的单位和个人设置明细账户，进行明细核算。原生产队积累的折股股金及农业合作化时期社员入社的股份基金，也在本账户中核算。村集体经济组织经产权制度改革后的经营性净资产部分就集中反映（归集）在"资本"账户中，可设置"本集体、本村农户、外单位、外部个人"等二级账户进行明细核算。

（一）货币资金投入的核算

村集体经济组织收到投资者以货币资金的投资时，按实际收到的金额，借记"现金""银行存款"等账户，贷记"资本"账户。

【例4-1】 村集体经济组织收到某农户现金投资5 000元，存入开户行。其会计分录如下：

　　借：银行存款　　　　　　　　　　　　　　　　　5 000
　　　　贷：资本——个人资本　　　　　　　　　　　　　5 000

(二) 固定资产投入的核算

村集体经济组织收到投资人投入的固定资产时，按照投资各方确认的价值，借记"固定资产"账户，贷记"资本"账户。投资各方确认价值与该项固定资产账面价值的差额作为已提取的折旧处理。

【例4-2】　某单位向村集体经济组织投入拖拉机一台，双方确认其价值为30 000元。其会计分录如下：

　　借：固定资产　　　　　　　　　　　　　　　　　30 000
　　　　贷：资本——外单位资本　　　　　　　　　　　　30 000

(三) 无形资产投入的核算

村集体经济组织收到投资者投入无形资产时，按评估确认的价值，借记"无形资产"账户，贷记"资本"账户。

【例4-3】　村集体经济组织收到外单位投入专利权一项，评估价为50 000元。其会计分录如下：

　　借：无形资产　　　　　　　　　　　　　　　　　50 000
　　　　贷：资本——外单位资本　　　　　　　　　　　　50 000

(四) 材料物资等投入的核算

收到投资者投入的材料物资等时，按投资各方确认的价值，借记"库存物资"账户，贷记"资本"账户。

【例4-4】　村集体经济组织收到某单位投入材料一批，评估确认其价为13 000元。其会计分录如下：

　　借：库存物资　　　　　　　　　　　　　　　　　13 000
　　　　贷：资本——外单位资本　　　　　　　　　　　　13 000

(五) 以劳务形式投资的核算

以劳务形式向村集体经济组织进行投资时，按当地劳务价格标准,借记"在建工程"等账户,贷记"资本"账户。

【例4-5】 某农户以劳务形式向村集体经济组织投资。村集体经济组织在建电灌站时,该农户投工100个,每个工作价10元。其会计分录如下:

借:在建工程——电灌站　　　　　　　　　　　　　　1 000
　贷:资本——个人资本　　　　　　　　　　　　　　　1 000

(六) 公积公益金转增资本的核算

村集体经济组织经批准以公积公益金转增资本时,借记"公积公益金"账户,贷记"资本"账户。

【例4-6】 村集体经济组织将公积公益金20 000元转增资本。其会计分录如下:

借:公积公益金——公积金　　　　　　　　　　　　　20 000
　贷:资本　　　　　　　　　　　　　　　　　　　　　20 000

(七) 投资者收回投资的核算

投资者按规定程序收回投资时,借记"资本"账户,贷记"银行存款""固定资产"等有关账户。

【例4-7】 某外单位按协议收回投资10 000元,村集体经济组织以银行存款支付。其会计分录如下:

借:资本——外单位资本　　　　　　　　　　　　　　10 000
　贷:银行存款　　　　　　　　　　　　　　　　　　　10 000

第三节　公积公益金

一、公积公益金概述

公积公益金是村集体经济组织从收益中提取的和从其他来源取得的,用于扩大生产经营、承担经营风险以及集体公益事业的专用基金。

(一) 公积公益金的来源

村集体经济组织的公积公益金主要是从本年收益中提取。村集体经济组织在年终进行收益分配时,应按一定比例从本年收益中提取公积公益金。公积公益金的提取比例,可由村集体经济组织根据国家有关规定,并应经社员(村民)大会或社员(村民)代表大会讨论后通过。

村集体经济组织从其他来源取得的公积公益金主要包括以下几个方面。

1. 资本溢价

资本溢价是指投资者实际缴付的出资额与其在村集体经济组织中所拥有的资本的差额。这种情况有时发生在新加入的投资者投入资本时,新加入的投资者往往要付出大于原投资者的出资额,才能取得与原投资者相同的投资比例,这时就会出现资本溢价。此外,外币资本折算差额也是出现资本溢价的一种情况。外币资本折算差额是指村集体经济组织接受投资者的外币投资时,因接受外币投资当日的汇率与合同约定的汇率不同而产生的资本折算差额。

2. 接受捐赠资产

接受捐赠资产是指村集体经济组织接受单位或个人赠予的资产。

3. 征用土地补偿费

征用土地补偿费是指村集体经济组织收到国家征用集体土地的补偿费。

4. 拍卖"四荒"使用权价款

根据国家的有关规定,农村集体所有的"四荒"是指荒山、荒沟、荒丘、荒滩等为农村集体经济组织所有的、未利用的土地,包括荒地、荒坡、荒沙、荒草和荒水等。耕地、林地、草原以及国有未利用土地不得作为农村"四荒"。

农村"四荒"资源属当地农民群众集体所有,农村集体经济组织按照国家有关规定,可以对"四荒"使用权实施承包、租赁或拍卖,但必须严格按程序规范进行,并切实保护治理开发者的合法权益。必须坚持公开、公平、自愿、公正的原则,充分发扬民主,广泛征求群众意见,应成立由社员代表参加的工作小组,拟订方案,要规定治理开发"四荒"的范围、期限、方式(承包、租赁、拍卖等)与程序、估价标准,明确治理开发的内容和要求等,经社员(村民)大会或者社员(村民)代表大会讨论通过。"四荒"使用权采取拍卖方式的,要标定拍卖底价,实行公开竞价。"四荒"使用权拍卖的期限最长不得超过50年。

拍卖"四荒"使用权价款是指拍卖农村"四荒"使用权所收取的拍卖价款。根据国家有关规定,拍卖"四荒"使用权收取的价款实行村有乡管,可专户储存在农村信用社,由乡镇农村集体资产管理机构代管;拍卖价款的使用由农村集体经济组织决定,并实行账目公开。

5. 一事一议筹资筹劳转入

一事一议筹资筹劳转入是指村集体经济组织经规定程序批准后按照国家有关规定,通过一事一议方式向农民筹资筹劳,在使用一事一议资金或一事一议筹劳进行本村范围内集体生产、公益事业等时应转入公积公益金的部分。

6. 拨款转入

拨款转入是指村集体经济组织收到国家拨入的具有专门用途的拨款项目完成后,按规定转入公积公益金的部分。

7. 对外投资中实物资产重估增值

对外投资中实物资产重估增值是指村集体经济组织以实物资产(含牲畜和林木)方式对外投资时,实物资产重估确认价值与其账面净值之间的差额按规定应计入公积公益金的部分。村集体经济组织对外投资中实物资产重估确认的价值必须真实、合理,不得高估或低估资产价值。

(二) 公积公益金的使用

根据国家有关规定,并经过规定程序批准后,村集体经济组织的公积公益金可用于以下三个方面。

1. 转增资本

以公积公益金转增资本是指村集体经济组织经规定程序批准后将公积公益金用于资本积累,壮大集体经济实力,以进一步发展生产。

2. 弥补福利费不足

应付福利费是村集体经济组织用于集体福利、文教、卫生等方面的福利费,根据国家有关规定,并按规定程序批准后,村集体经济组织可以用提取的公积公益金弥补应付福利费的超支数额。

3. 弥补亏损

村集体经济组织经规定程序批准后,可以用公积公益金弥补亏损,实现以丰补歉。

值得注意的是,公积公益金转增资本、弥补福利费不足以及弥补亏损的数额,可以由村集体经济组织根据实际情况及国家有关规定确定,但必须经社员(村民)大会或社员(村民)代表大会讨论通过后执行,并向群众公布。

二、从收益中提取公积公益金的核算

村集体经济组织年终从收益中提取公积公益金时,借记"收益分配——各项分配"账户,贷记"公积公益金"账户。

【例4-8】 年终,村集体经济组织从当年收益中提取公积公益金12 000元。其会计分录如下:

借:收益分配——各项分配——提取公积公益金　　12 000
　　贷:公积公益金　　　　　　　　　　　　　　　　　12 000

三、资本溢价的核算

资本溢价通常有两种情况:一是在合资经营的情况下,新加入的投资者投入的资本不一定全部按实收资本入账,入账资本一般低于实收资本。这是由于投资时间不同,对村集体经济组织所做的贡献不同,投资者所享有的权利也不同。所以,新加入的投资者通常要付出大于原有投资者相同的投资比例。新投资者投入的资本中按其投资比例计算的出资额,记入"资本"账户。实际投资额与其入账资本的差额,作为资本溢价,记入"公积公益金"账户。二是村集体经济组织接受投资者以外币投资时,需要折合成人民币(记账本位币)记账,因记账汇率不同,资产的折算数额大于资本折算数额,其差额为资本溢价。资本溢价不能作为资本入账,只能计入公积公益金,作为所有投资者的公共积累,留在村集体经济组织内。

【例4-9】 根据村集体经济组织和某外单位签订的投资协议,该单位向村集体经济组织投资25 000元,存入银行。协议约定入股份额占村集体经济组织股份的25%,村集体经济组织原有资本60 000元。

该单位投入到村集体经济组织的25 000元资金中,能够作为资本入账的数额为:$60\,000 \times 25\% \div (1-25\%) = 20\,000$(元),其余的5 000元只能作为资本溢价,记入"公积公益金"账户。其会计分录如下:

借:银行存款　　　　　　　　　　　　　　　25 000
　贷:资本——外单位资本　　　　　　　　　　20 000
　　　公积公益金　　　　　　　　　　　　　　5 000

【例4-10】 村集体经济组织吸收外商投资420 000元港币,投资合同约定的汇率为0.87,收款当日的市场汇率为0.88。

按当日市场汇率,村集体经济组织应收到369 600($420\,000 \times 0.88$)元人民币,而按合同只能有365 400($420\,000 \times 0.87$)元人民币作为资本入账,其余的4 200元人民币,作为资本溢价,记入"公积公益金"账户。其会计分录如下:

借:银行存款　　　　　　　　　　　　　　　369 600
　贷:资本——外商资本　　　　　　　　　　　365 400
　　　公积公益金　　　　　　　　　　　　　　4 200

四、资产重估增值的核算

资产重估增值是指村集体经济组织对外投资或清产核资时,财产的重估价值高于原账面价值。其重估价值与原账面价值的差额应记入"公积公益金"账户。

【例4-11】 村集体经济组织以一幢厂房对外联营投资,该厂房原账面价值200 000元,已提折旧30 000元,双方协议作价190 000元。其会计分录如下:

借:长期投资——其他投资　　　　　　　　　　　190 000
　　累计折旧　　　　　　　　　　　　　　　　　 30 000
　　贷:固定资产　　　　　　　　　　　　　　　　200 000
　　　　公积公益金　　　　　　　　　　　　　　　 20 000

五、接受捐赠的核算

地方政府、社会团体、个人捐赠的资产,是对村集体经济组织的一种援助行为,是一种无偿投资,所以捐赠人不是所有者,这种投资不形成资本。村集体经济组织接受的货币捐赠应按实际收到的捐赠数,借记"现金""银行存款"账户,贷记"公积公益金"账户;接受的固定资产捐赠应按发票所列金额加上实际发生的运输费、保险费、安装调试费和应支付的相关税金等计价,无所附凭据的,按同类设备的市价加上应支付的相关税费计价。

【例4-12】 村集体经济组织收到乡政府捐赠新收割机一台,发票价格为28 000元。其会计分录如下:

借:固定资产　　　　　　　　　　　　　　　　　 28 000
　　贷:公积公益金　　　　　　　　　　　　　　　 28 000

六、以村集体土地进行合作开发经营的核算

合作开发经营是指村集体经济组织与投资方签订投资协议,村集

体以土地使用权(或经营权)参股并在合作期间收取固定收益(或以优先股利)的方式,由投资方出资金、技术、管理人员等投入,进行建设投资(建设房产、经济林木、农家乐等)和经营一定时期(如 15~20 年),经营到期后,形成的固定资产无偿划归村集体所有。

投资方建设期间,若给村集体一定资金补偿,可作为青苗补偿费(或过渡补偿费)处理。此时,可分以下情况编制会计分录。

(1) 收到款项时:

借:银行存款
　　贷:专项应付款——青苗补偿费(过渡补偿费)

(2) 补偿(支付)给农户时:

借:专项应付款——青苗补偿费(过渡补偿费)
　　贷:银行存款

(3) 补偿(支付)给农户后的节余部分,可作为村集体的积累资金,则:

借:专项应付款——青苗补偿费(过渡补偿费)
　　贷:公积公益金—公积金(公益金)

投资方建设好后交付使用时,村集体可依据竣工结算报告和合作开发协议进行账务处理(是一种预期可得到的资产——或有资产)。其会计分录如下:

借:无形资产——其他资产——合作开发待接收资产
　(或:长期投资——××单位——合作开发待接收资产)
　　贷:公积公益金——合作开发待接收资产

在合作期间,村集体收到投资方支付给的收益时,可分以下情况编制会计分录。

(1) 若是以租金形式给付的,则:

借:银行存款
　　贷:经营收入

(2) 若是以投资企业上缴利润形式给付的,会计分录如下:

借:银行存款
　　贷:发包及上交收入

(3) 若是单纯以投资收益收取投资方支付的利润分成的,会计分录如下:

借:银行存款
　　贷:投资收益

不论以哪一种方式收取收益,都可能涉及相关税收,税种、税率和金额应以税务部门核定的为准。计提税金时,可参考以下情形编制会计分录。

(1) 若是以租金形式给付的,会计分录如下:

借:经营支出——税金
　　贷:应付款——应付税金

(2) 若是以投资企业上缴利润形式给付的,会计分录如下:

借:管理费用——税金
　　贷:应付款——应付税金

(3) 若是单纯以投资收益收取投资方支付的利润分成的,会计分录如下:

借:投资收益——税金
　　贷:应付款——应付税金

合作开发到期后,投资方将所建设的资产交村集体管护,村集体依据接收清单进行账务处理。其会计分录如下:

借:固定资产——××资产
　　林木资产——××资产
　　贷:无形资产——其他资产——合作开发待接收资产
　　　　(长期投资——××单位——合作开发待接收资产)
　　　　公积公益金——公积金(移交时多出的部分)

借：公积公益金——合作开发待接收资产
　　贷：公积公益金——公积金

对投资方已提折旧（应在移交清单中加以明确），或明确移交资产新旧程度的，会计分录如下：

借：公积公益金——公积金
　　贷：累计折旧

经计提折旧处理后，将移交来的资产净值作为村集体的经营性资产积累。

这时，村集体经营性净资产必然大幅度增加，经成员大会讨论通过并报乡级农村经营管理部门审核同意后，可同步转增资本。

> **小知识**
>
> 1. 农村"三变"改革
>
> 农村"三变"改革是针对贫困地区，特别是集体经营性资产较少的贫困村，因缺乏发展集体经济的资本，通过"资源变资产、资金（资产）变股金、农民变股东"的路径，盘活集体资源，整合财政投资，撬动社会资本，壮大集体经济，把贫困户纳入集体经济保障范围，实现集体收益惠及全体农民群众的改革。
>
> 2. 农村集体产权制度改革
>
> 所谓农村集体产权制度改革，是指坚持农民集体所有的前提，在明晰农村集体资产产权归属的基础上，按照股份合作的原则将集体统一经营管理的资产折股量化到人，赋予农民对集体资产股份占有、收益、有偿退出及抵押、担保、继承等权能，实现农民按份享受集体资产收益的制度改革。
>
> 农村集体产权制度改革是对农村集体利益的再分割，落实的是农民集体收益分配权。如果把改革比喻成"切分蛋糕"，那么农村集体产权制度改革需要解决四个问题，即蛋糕有哪些、分享蛋糕的人有哪些、如何切分蛋糕、如何做大蛋糕。

> 3. 农村集体产权制度改革和农村"三变"改革的关系
>
> "三变"改革两大任务：制度建设与经济建设。
>
> 制度建设：清产核资、成员界定、股权量化、建章立制、成立组织。这是集体产权制度改革的重心。通过改革可使村集体经济组织登记注册，取得法人资格。
>
> 经济建设：发展集体经济。这是"三变"改革的重心。
>
> 两者关系："三变"改革必须以产权制度改革为前提和基础，有产权改革做基础，"三变"改革才能变得稳。集体产权制度改革必须以集体经济为出发点与落脚点，以农民群众实实在在的获得感为最终目标。

第四节 未分配收益

一、未分配收益和收益分配概述

未分配收益是指村集体经济组织留待以后年度进行分配的结存收益，是村集体经济组织所有者权益的组成部分。未分配收益来源于村集体经济组织生产经营活动所实现的收益，是村集体经济组织历年结存的累计未分配的收益，即村集体经济组织从实现的收益中按分配方案对收益进行分配之后，留存在村集体经济组织的、历年结存的收益。未分配收益通常用于留待以后年度进行分配。从数额上来讲，未分配收益等于年初未分配收益加上本年实现的收益总额，再减去当年各项分配后的余额。

收益分配是村集体经济组织按照根据国家有关规定制定的分配方案，对村集体经济组织当年可供分配的收益所进行的分配。村集体经济组织本年实现的收益加上年初未分配收益（或减去年初未弥补亏损）和其他转入后的余额，为可供分配的收益。村集体经济组织可供分配的收益按下列顺序进行分配：①提取公积公益金；②提取应付福利费;③外来投资分利;④农户分配;⑤其他分配等。

根据国家有关规定,村集体经济组织在进行收益分配时,应当按照规定的程序和要求进行,正确处理国家、集体、个人三者之间的利益关系,坚持以丰补歉,适当积累,壮大集体经济实力。村集体经济组织首先应编制收益分配方案,方案应详细规定各分配项目及其分配比例。收益分配方案必须经村集体经济组织社员(村民)大会或社员(村民)代表大会讨论通过后方可执行,必须充分听取群众的意见。

村集体经济组织在进行年终收益分配工作以前,应当做好以下几项准备工作:①准确核算全年的收入和支出,即凡是属于本年的收入和支出,都要按照权责发生制的原则,记入当年的收入和支出项目。年终,应根据有关收入和支出账户的发生额或余额,计算出应当记入本年的收入和支出数额,并及时进行账务结转等。②清理财产和债权、债务,即村集体经济组织年终应对集体所有的财产及债权、债务进行一次全面清理。对固定资产、库存物资出现的盘盈、盘亏等,要查明原因,及时处理;对各种应收款项应采取必要的措施积极催收;对各项债务应按时偿还,并按规定支付利息等。③搞好承包合同的结算和兑现等。

二、收益分配的核算内容

为了反映和监督村集体经济组织收益的分配和历年收益结存情况,村集体经济组织应设置"收益分配"账户;同时,应在该科目下设置"各项分配"和"未分配收益"两个二级账户,进行明细核算。

(一)"收益分配——各项分配"账户的核算内容

村集体经济组织在对可供分配的收益进行分配时,通过"收益分配——各项分配"账户进行核算。"收益分配——各项分配"账户的借方登记按规定对可供分配的收益进行分配的数额,贷方登记年终转入"收益分配——未分配收益"账户的数额。年度终了,"收益分配——各项分配"账户应无余额。

（二）"收益分配——未分配收益"明细科目的核算内容

由于未分配收益是对累计可供分配的收益进行分配后的结果，它通过"收益分配——未分配收益"账户进行核算。"收益分配——未分配收益"账户的借方登记转入的本年亏损额，以及"收益分配"账户下其他有关明细账户转入的余额；贷方登记转入的本年收益额。"收益分配——未分配收益"账户的余额如果在贷方，即为历年积存的未分配收益；如果在借方，即为累积未弥补亏损。

此外，村集体经济组织年终结账后，如发现以前年度收益计算不准确，或有未反映的会计业务，需要调整增加或减少本年收益的，也在"收益分配——未分配收益"账户核算。

三、分配收益的会计处理

村集体经济组织分配收益的会计处理主要涉及按照顺序对可供分配的收益进行分配。根据有关规定，村集体经济组织可供分配的收益按下列顺序分配：①提取公积公益金；②提取应付福利费；③外来投资分利；④农户分配；⑤其他分配等。对已完成农村集体产权制度改革的村集体经济组织，设有集体股的，可按股权比例提取用于公共管理与服务开支的资金；没有设置集体股的，也可在章程中明确，根据行使公共管理与服务的需要，按"以支定收"的原则，提取公共管理与服务费，列入"专项应付款"账户进行管理与核算。

1. 提取公积公益金的处理

村集体经济组织年终根据经批准的收益分配方案从收益中提取公积公益金时，借记"收益分配——各项分配"账户，贷记"公积公益金"账户。有关处理可以参见本书的相关内容。

2. 提取应付福利费的处理

村集体经济组织按照批准的方案，从收益中提取福利费时，借记"收益分配——各项分配"账户，贷记"应付福利费"账户。有关处理可以参见本书的相关内容。

3. 外来投资分利的处理

村集体经济组织向各投资者进行分利时,应借记"收益分配——各项分配"账户,贷记"应付款"账户。分配的比例应按照合同或协议的规定,结合实际生产经营情况而确定。

4. 农户分配的处理

村集体经济组织向农户进行收益分配时,应借记"收益分配——各项分配"账户,贷记"内部往来"账户。分配的数额可由村集体经济组织自主确定。

【例 4-13】 20×8 年,村集体经济组织实现收益 70 000 元,根据有关规定,并经社员大会批准,决定按以下分配方案对当年实现的收益进行分配:按 40% 提取公积公益金(其中公积金占 20%、公益金占 20%),按 15% 提取应付福利费,按 10% 作为外来投资者应分配的利润,按 10% 分配给农户,剩余的 25% 留存下年再分配。

(1) 提取时会计分录如下:

借:收益分配——未分配收益		52 500
贷:收益分配——各项分配——提取公积公益金		28 000
——各项分配——提取应付福利费		10 500
——各项分配——外来投资分利		7 000
——各项分配——农户分配		7 000

(2) 分配时会计分录如下:

借:收益分配——各项分配——提取公积公益金		28 000
——各项分配——提取应付福利费		10 500
——各项分配——外来投资分利		7 000
——各项分配——农户分配		7 000
贷:公积公益金——公积金		14 000
——公益金		14 000
应付福利费		10 500
应付款——××投资者		7 000
内部往来——各农户		7 000

四、未分配收益的会计处理

(一) 年度终了时未分配收益的处理

年度终了时,村集体经济组织应该按顺序进行如下会计处理。

(1) 将全年实现的收益(或亏损)自"本年收益"账户转入"收益分配——未分配收益"账户。如果村集体经济组织当年实现盈利,则借记"本年收益"账户,贷记"收益分配——未分配收益"账户;如果村集体经济组织当年亏损,则借记"收益分配——未分配收益"账户,贷记"本年收益"账户。

需要说明的是,如果村集体经济组织以当年实现的收益弥补以前年度的未弥补亏损时,实际上并不需要进行专门的账务处理。因为,以实现的收益弥补以前年度亏损时,村集体经济组织需要将当年实现的收益自"本年收益"账户的借方转入"收益分配——未分配收益"账户的贷方,"收益分配——未分配收益"账户的贷方发生额与"收益分配——未分配收益"账户的借方余额自然抵补。

(2) 将"收益分配"账户下的其他有关明细账户的余额转入"收益分配——未分配收益"账户,借记"收益分配——未分配收益"账户,贷记"收益分配——各项分配"账户。

结转之后,"收益分配——未分配收益"账户的贷方余额就是累计未分配的收益数额。如果出现借方余额,则表示累计未弥补的亏损数额。

【例4-14】 村集体经济组织20×8年年初的未分配收益为12 000元,20×8年的实现收益为19 200元,年末,经村民大会讨论并报上级审核同意,应提取的公积公益金和应付福利费分别为9 000元和2 000元。

村集体经济组织应进行的账务处理如下。

(1) 结转时会计分录为:

借:本年收益   19 200
    贷:收益分配——未分配收益   19 200

(2) 计提时会计分录为：

借：收益分配——未分配收益　　　　　　　　　　　11 000
　　贷：收益分配——各项分配——提取公积公益金　　　9 000
　　　　　　　　——各项分配——提取应付福利费　　　2 000

根据上述会计分录进行会计处理的结果，"收益分配——未分配收益"账户的贷方余额为 20 200 元（年初未分配收益 12 000＋本年收益 19 200－提取公积公益金 9 000－提取应付福利费 2 000），该数额即为村集体经济组织 20×8 年年末剩余的未分配收益。

（二）年终结账后调整以前年度收益的处理

村集体经济组织在年终结账后，如发现以前年度收益计算不准确，或有未反映的会计业务，需要调整增加本年收益时，借记有关账户，贷记"收益分配——未分配收益"账户；需要调整减少本年收益时，借记"收益分配——未分配收益"账户，贷记有关账户。

【例 4-15】 村集体经济组织在 20×7 年年终结账后，发现集体果园的承包人赵某拖欠的 1 000 元承包费尚未入账。

村集体经济组织应编制的会计分录如下：

借：内部往来——赵某　　　　　　　　　　　　　　1 000
　　贷：收益分配——未分配收益　　　　　　　　　　1 000

【例 4-16】 20×8 年 1 月，村集体经济组织在对 2005 年年终结账后，发现 20×7 年村集体经济组织还欠供电局电费 300 元。

村集体经济组织应编制的会计分录如下：

借：收益分配——未分配收益　　　　　　　　　　　300
　　贷：应付款——供电局　　　　　　　　　　　　　300

第五节　土地补偿费

随着城镇化进程的不断加快，农村土地被征占的状况与日俱增，与之相应的是大量的资金进入村集体账户，按照《村集体经济组织会计制度》加强对征地补偿费的核算,严格按专户存储、专账管理、专款专用的原则规范管理,实行专户管理制度,设置专门的账册,单独对征地补偿费收支使用的原始凭证装订成册。

根据《中华人民共和国土地管理法》的有关规定,土地补偿费用途有四项,即土地补偿费、安置补偿费、地上附着物补偿费、青苗补偿费,对此应分别进行账务处理。按《中华人民共和国农业部关于加强农村集体经济组织征地补偿费监督管理指导工作的意见》(农经发〔2005〕1号)文件精神,对农村土地补偿费"严格按照专户存储、专账管理、专款专用的原则规范管理,实行专户管理制度,设置专门的账册,单独对征地补偿费收支使用的原始凭证装订成册"的要求,可按以下程序进行账务处理。

(1) 当发生征地(占地)时,征(占)地合同已正式签订,土地已经丈量,相关地上附着物已经清点完后,会计分录如下:

借:应收款——××土地开发公司
　　现金
　　银行存款
　贷:专项应付款——应付征地补偿费

收到征地款项时的会计分录如下:

借:银行存款
　贷:应收款——××土地开发公司

(2) 把征地补偿费(如青苗补偿费、附着物补偿费、拆迁补偿费、搬迁费、安置补偿费等)补到农户时的会计分录如下:

借:专项应付款——应付征地补偿费
　贷:现金
　　银行存款

(3) 对农户的各种补偿费补偿完后,将剩余的征地补偿费转入"公积公益金"账户进行管理时的会计分录如下:

借：专项应付款——应付征地补偿费
　　贷：公积公益金——征地补偿费

（4）用转入村组集体的征地补偿费进行村内公益事业建设（没有形成固定资产的）时的会计分录如下：

借：其他支出
　　贷：现金
　　　　银行存款

若用转入村组集体的征地补偿费进行村内公益事业建设时形成了固定资产（如建新农村、集贸市场等）的，则应作如下会计分录：

借：固定资产——××资产
　　在建工程——××工程
　　贷：现金
　　　　银行存款
　　　　库存物资——××物资
　　　　应付款

若产生农户交纳建房集资款项的，则应作如下会计分录：

借：现金
　　银行存款
　　贷：专项应付款——建房筹资（群众交纳的）

若新宅已分给了各农户，则应作如下会计分录：

借：专项应付款——应付征地补偿费（用征地补偿费来建新宅的）
　　　　　　　　——建房筹资（群众交纳的）
　　公积公益金——其他（用集体其他公共积累来建新宅的）
　　贷：固定资产——××资产（分已建成的房屋的）
　　　　在建工程——××工程（只分地基的）

（5）如土地征用补偿费、安置补偿费不分配给农户，统一用于进行新农村建设的，则可不必结转入"公积公益金"账户，在进行建设时，可直接在"专项应付款——应付征地补偿费"账户中进行核算与管理。上级的各种建设补助,包括一事一议财政奖补资金、重点村建设资金、美丽乡村建设资金、扶贫资金、移民补助资金等,可直接在"专项应付款"账户中进行核算与管理,做到专款专用。

土地补偿费先进入"专项应付款"账户核算,用于对农户青苗、房屋等的相关补偿和安置,剩余的留归村集体所有,划入"公积公益金"账户,用于集体扩大再生产和转赠资本。收到款项时,记入"专项应付款——土地补偿费"账户的贷方;补偿农户时,记入"专项应付款——土地补偿费"账户的借方。

安置补偿费进入村集体"专项应付款——安置补偿费"账户,村集体统一安置的归村集体使用;其他单位安置的支付给其他单位;不统一安置的,可分配给个人。收到款项时,记入"专项应付款——安置补偿费"账户的贷方;村集体统一安置使用、支付给安置单位或发放给个人时,记入"专项应付款——安置补偿费"账户的借方。

地上附着物补偿费,如果是集体投资兴建的,补偿费归村集体使用,收到时,记入"公积公益金"账户的贷方;农户自己投资兴建的,补偿费可直接分配给个人。收到款项时,记入"专项应付款——地上附着物补偿费"或"内部往来"账户的贷方;支付时,记入"专项应付款——地上附着物补偿费"或"内部往来"账户的借方。

青苗补偿费可直接付给农户。收到征地单位转来款项时,记入"内部往来"账户的贷方;支付给农户时,记入"内部往来"账户的借方,也可列入"专项应付款——青苗补偿费"账户进行核算。

【例4-17】 村集体经济组织收到土地开发公司征用该村土地10亩[①]的土地征用费500 000元,会计分录如下:

借:银行存款　　　　　　　　　　　　　　　　　500 000
　　贷:应收款——土地开发公司——土地补偿费　　500 000

---

① 1亩约等于666.7平方米。

【例4-18】 村集体经济组织使用该村土地征用补偿费修建一条给水灌渠,共耗费资金100 000元。

(1)建设时的会计分录如下:

借:在建工程　　　　　　　　　　　　　　　　　100 000
　　贷:银行存款　　　　　　　　　　　　　　　　100 000

(2)建成后的会计分录如下:

借:在建工程　　　　　　　　　　　　　　　　　100 000
　　贷:固定资产　　　　　　　　　　　　　　　　100 000

同时(需要有一个使用资金的村民委员会会议纪要或说明):

借:公积公益金——公积金　　　　　　　　　　　100 000
　　贷:专项应付款——土地补偿费　　　　　　　　100 000

【例4-19】 村集体经济组织收到土地开发公司划拨征用该村土地的安置补偿费200 000元,会计分录如下:

借:银行存款　　　　　　　　　　　　　　　　　200 000
　　贷:应收款——土地开发公司——安置补偿费　　200 000

第六节　村集体经济组织产权制度改革完成清产核资后的账务调整方法

一、账目调整原则

村集体经济组织要根据《村集体经济组织会计制度》和《农业部 财政部 国土资源部 水利部 国家林业局教育部 文化部 国家卫生计生委 体育总局关于全面开展农村集体资产清产核资工作的通知》(农经发〔2017〕11号)等有关规定,对清产核资中发现的账款不符、账实不符、账证不符等问题及时进行账务处理,账目调整的基本原则如下。

（1）对存货、农业资产、固定资产的盘盈或盘亏，在建工程的报废或毁损等，必须查明原因，落实责任，经集体经济组织成员（代表）大会讨论通过，报镇（街道）农村经营管理部门审核批准后，按照会计制度进行账务处理。盘盈计入其他收入，盘亏计入其他支出；数额较大的，可作为增减公积公益金处理，同时调整账簿记录。

（2）对清产核资前没有纳入账内核算的固定资产、无形资产、农业资产等，包括政府拨款、税费减免等形成的资产，社会团体、个人捐赠的资产等，有原始凭证的，按记载价值入账；无法取得原始凭证的，通过资产估价确认价值入账，作为增加公积公益金处理，经民主程序讨论通过，可转增资本（并按股权比例量化给成员或集体），同时调整账簿记录。

（3）对确实无法收回的应收款项、对外投资，预期不能带来收益的无形资产，确实无法支付的债务等核销，必须进行严格的审核，查明原因，落实责任，经集体经济组织成员（代表）大会讨论通过，报镇（街道）农村经营管理部门审核批准后，按照会计制度进行账务处理。债权核销计入其他支出，债务核销计入其他收入，投资净损失计入投资收益，同时调整账簿记录。

（4）集体经济组织所属企业，包括全资持有、直接或间接拥有半数以上表决权等能够控制的被投资企业，其资产要进行清产核资，并登记入账。

对集体经济组织全资持有的被投资企业，要将其清产核资后生成的资产负债表，与集体经济组织的资产负债表相关项目进行合并，同时集体经济组织与被投资企业之间的债权和债务项目要相互抵消；并调减集体经济组织的长期投资和被投资企业的所有者权益，差额计入公积公益金。

对集体经济组织直接或间接拥有半数以上表决权等能够控制的被投资企业，在清产核资后，将所有者权益按投资比例对应调整集体经济组织的长期投资，差额计入公积公益金。

(5) 不符合条件或未履行规定程序的,不得进行账目调整。

(6) 建立年度资产清查制度和定期报告制度,至少每年年末开展一次资产清查,次年3月31日前将清查结果报送区农经站。

(7) 实行网络化监管。村集体经济组织财务会计账务承接原村组财务账目,在集体经济合作社组建后变更单位名称,仍然实行会计电算化核算与管理。完善农村集体资产("三资")监督管理平台,将清产核资数据统一纳入平台管理,推动农村集体资产财务管理制度化、规范化、信息化。

二、账目调整(调账基准日)的时间确定

按《农业部 财政部 国土资源部 水利部 国家林业局 教育部 文化部 国家卫生计生委 体育总局关于全面开展农村集体资产清产核资工作的通知》(农经发〔2017〕11号)要求,2017年12月31日为资产清查登记时点,前期已部署并完成农村集体资产清产核资工作的地方,要按照本次部署和要求,做好资产清查核实和数据填报工作。根据《云南省农业厅 云南省财政厅 云南省国土资源厅 云南省水利厅 云南省林业厅 云南省教育厅 云南省文化厅 云南省卫生计生委 云南省体育局关于全面开展农村集体资产清产核资工作的通知》(云农经〔2018〕3号)的要求,本次清产核资资产清查登记时点为2017年12月31日,前期已完成清产核资工作的地方,要按照农业部统一部署和要求,查缺补漏,做好资产清查核实和数据填报工作。各地村集体经济组织清产核资、清查登记的时点应统一调整为2017年12月31日,并填报相应报表。

三、账目调整的方式方法

在实际工作中,农村集体产权制度改革经过清产核资,首先要确定经营性净资产的类别、总额及其存在状况(是货币、固定资产或在建工程、无形资产,还是股权或其他投资形式),并以"经营性净资产"总

额作为账务调整的依据,账务调整建议如下。

(一) 首先调整"资本"账户

经清产核资确定的"经营性净资产"(村集体经济组织的经营性资产主要为经营性固定资产、在建的未完工交付使用的经营性建设工程、可产生经营性收益的无形资产、对外投资等,下同)总额大于"资本"账户余额的,其大于部分可对应调增相关资产类账户,形成"经营性净资产"总额等于"资本",会计分录为:

借:固定资产或在建工程
　　无形资产或长期投资
　　公积公益金——公积金(调增"资本"账户)
　贷:资本——本集体经济组织

经清产核资确定的"经营性净资产"总额小于"资本"余额的,其小于部分可调到"公积公益金——公积金"账户中,形成"经营性净资产"总额等于"资本",会计分录为:

借:资本——本集体经济组织
　贷:公积公益金——公积金

(二) 对其他账务进行调整

(1) 对应收款,经清理审核确认后:

当账面数大于实际数的差额时,会计分录为:

借:公积公益金——其他
　贷:应收款

当账面数小于实际数的差额时,会计分录为:

借:应收款
　贷:公积公益金——其他

(2) 对应付款,经清理审核确认后:

当账面数大于实际数的差额时,会计分录为:

借：应付款

  贷：公积公益金——其他

当账面数小于实际数的差额时,会计分录为：

借：公积公益金——公益金(公益、福利方面形成的,如建新区、新农村等)

  公积公益金——其他

 贷：应付款

在实际工作中,对账实差额金额不大的应收款项、应付款项,按上级文件规定,债权核销可计入其他支出,债务核销可计入其他收入,投资净损失计入投资收益,同时调整账簿记录。

(3) 对固定资产(扣除"资本"账户调整后),经清理审核确认后：

当账面数大于实际数的差额时,会计分录为：

借：公积公益金——公积金(生产、管理方面使用的)

    ——公益金(公益、福利方面使用的)

 贷：固定资产——资产

   在建工程——工程

   无形资产——资产

   长期投资——××投资

   库存物资——××物资

对盘亏金额不大的,也可按如下会计分录进行账务处理：

借：其他支出——××盘亏

 贷：固定资产——资产

   在建工程——工程

   无形资产——××资产

   长期投资——××投资

   库存物资——××物资

当账面数小于实际数的差额时,会计分录为：

借：固定资产——××资产
　　在建工程——××工程
　　无形资产——××资产
　　长期投资——××投资
　　库存物资——××物资
　贷：公积公益金——公积金(生产、管理方面使用的)
　　　　　　　　——公益金(公益、福利方面使用的)

对盘盈金额不大的，也可按如下会计分录进行账务处理：

借：固定资产——××资产
　　在建工程——××工程
　　无形资产——××资产
　　长期投资——××投资
　　库存物资——××物资
　贷：其他收入——××盘亏

（4）对借入款，经清理审核确认后：

当账面数大于实际数的差额时，会计分录为：

借：借款
　贷：公积公益金——其他

当账面数小于实际数的差额时，会计分录为：

借：公积公益金——公益金(公益、福利方面使用的，如建新区、新农村等)
　　　　　　　——其他
　贷：借款

（5）未列入账内核算的林木资产，在农村集体产权制度改革试点时，经清产核资确认后，可按重置成本法列入账内管理和核算，会计分录为：

借：林木资产——经济林木
　　　　　　——非经济林木
　贷：公积公益金——公积金(经济林木)
　　　　　　　　——公益金(非经济林木)

（6）未列入账内核算的牲畜（禽）资产，在农村集体产权制度改革试点时，经清产核资确认后，可按重置成本法列入账内管理和核算，会计分录为：

借：牲畜（禽）资产——××资产
　　贷：公积公益金——公积金

(三) 特别说明

（1）用"公积公益金"进行相关账务调整后，"公积公益金"账户不得出现借方余额，即最多只可将"公积公益金"账户余额调整为"零"。一旦出现"公积公益金"账户余额调整到"零"后还需进行调整的，则只可调整到"收益分配——未弥补亏损"账户。

（2）对相关账务调整，必须查明原因，落实责任，经村集体经济组织成员（代表）大会讨论通过，经村委会（社区）审核，形成报告，报乡镇（街道）农村经营管理部门（产改办）审核批准后，方可按照《村集体经济组织会计制度》及相关政策规定进行账务处理。在具体进行账务处理时，必须附村、组（社）相关会议决定、成员大会讨论通过的决议等资料。

第五章 村集体经济组织收入、成本、费用和收益

第一节 收 入

收入的实现,是村集体经济组织收益实现的前提和基础,也是村集体经济组织经济活动的重要环节。因此,村集体经济组织应加强对收入实现过程的管理和核算,正确计算各项收入,为准确核算全年收益提供必要的基础。

一、收入概述

(一) 收入的概念和来源

村集体经济组织的收入是其在销售产品物资、提供劳务及出租固定资产等日常经营活动以及行使社区管理、服务职能过程中所形成的经济利益的总流入。村集体经济组织既是一个具有一定的生产经营活动的组织,又是一个具有管理、服务职能的组织。一方面,村集体经济组织直接从事和组织农户从事生产经营活动;另一方面,村集体经济组织还承担社区内生产服务、协调管理、兴办和维护公益事业等职能。其收入主要来自两个方面:一是自身生产经营活动取得的经营收入,以及农户及所属单位和企业上交的承包金及利润;二是农业税附加的返还以及财政、社会团体、相关单位或经济组织等给予的补助资金。

具体来说,根据《村集体经济组织会计制度》的规定,村集体经济

组织的收入包括经营收入、发包及上交收入、补助收入及其他收入四个主要来源。

1. 经营收入

经营收入,是指村集体经济组织直接进行各项生产、服务等经营活动取得的收入。包括产品物资销售收入、出租收入、劳务收入等。这部分收入既有村集体经济组织销售产品物资的收入,比如销售农产品的收入;也有对外提供劳务和服务形成的收入,比如提供机耕服务形成的收入;还有村集体经济组织出租固定资产形成的收入,比如出租房屋形成的出租收入等。

2. 发包及上交收入

发包及上交收入,是指农户和其他单位因承包集体耕地、林地、果园、鱼塘等上交的承包金及村(组)办企业上交的利润。村集体经济组织将农民集体所有或国家所有依法由农民集体使用的耕地、林地等农业资源承包给村民或其他单位使用,村集体经济组织收取承包金或利润,形成发包及上交收入。

《村集体经济组织会计制度》规定,村集体经济组织在收取农户、其他单位和个人上交的承包金或利润时,要严格执行国家有关政策规定,坚持取之有度、用之合理、因地制宜、量力而行的原则,既不能超越农户和所属单位的承受能力,又要保证集体扩大再生产和发展公益事业的需要。

3. 补助收入

补助收入,是指村集体经济组织收到的财政等有关部门的补助资金。根据国务院关于农村税费改革的规定,在取消了乡统筹费以后,原由乡统筹费开支的乡、村两级九年义务教育、计划生育、优抚和民兵训练支出等,将由各级政府通过财政预算安排,政府还将对农村的卫生医疗事业、中小学危房改造等给予适当的补助。同时,随着各地逐步取消农业税及其附加,各级财政部门和其管理部门对村级组织的补助将越来越多,以保障村级组织的正常运转。

现阶段,农业税类只保留了烟叶特产税,财政或烟草部门返还的税收收入及其附加,应在"农业税附加返还收入"账户中进行核算。

4. 其他收入

其他收入,是指村集体经济组织除经营收入、发包及上交收入和补助收入以外的收入。如存款利息收入、固定资产及产品物资的盘盈收入等,其他收入一般与村集体经济组织的生产经营活动没有直接关系。

从上述村集体经济组织的主要收入来源看,与一般企业的收入来源相比,在村集体经济组织的收入当中,生产经营取得的收入和国家的补助均占有相当大的比例,并对村集体经济组织的经济实力产生重大的影响。

(二) 收入核算的基本要求

村集体经济组织的收入主要用于抵偿当年正常生产经营和管理服务支出,纳入当年收益分配。村集体经济组织收入核算的基本要求如下。

1. 要划清各收入项目的界限

村集体经济组织的各项收入虽然都要纳入收益分配,但为了正确核算生产经营的成果和村集体经济组织管理人员的业绩,村集体经济组织应当按照收入的实际来源和性质认真分析,以便找出产生收入的薄弱环节,采取相应的增收节支措施。

2. 要划清村集体经济组织收入与承包者(包括农户、单位)收入的界限

村集体经济组织实行统一核算和分级核算相结合的两级核算体制,凡村集体经济组织发包给承包者经营,并由承包者独立核算的项目,所发生的收入由承包者核算。村集体经济组织仅将承包者应当上交的承包金或村办企业上交的利润,作为其发包及上交收入纳入账内进行核算。凡村集体经济组织直接组织的生产经营和服务项目所形成的收入,在村集体经济组织的账内核算。

3. 实行财务公开

村集体经济组织应当按照村务公开和民主理财的要求，按月或按季公布有关收入账目，接受农民的监督。

二、收入的确认

村集体经济组织按以下原则确认收入的实现。

（1）村集体经济组织一般于产品物资已经发出，劳务已经提供，同时收讫价款或取得收取价款的凭据时，确认经营收入的实现。

（2）村集体经济组织在已收讫农户、承包单位上交的承包金及村办企业上交的利润款项或取得收取款项的凭据时，确认发包及上交收入的实现。年终时，按照权责发生制的原则，确认应收未收款项的金额。

（3）村集体经济组织在实际收到农税征收部门返还的农业税附加或取得收取款项的凭据时，确认农业税附加返还收入的实现。

（4）村集体经济组织在实际收到上级有关部门、社会团体、个人给付的无特定用途的补助款或取得有关收取款项的凭据时，确认补助收入的实现。

（5）村集体经济组织在发生固定资产、产品物资盘盈，实现收讫利息、赔付资金、捐赠资金等款项时，确认其他收入的实现。

三、收入业务的核算

1. 经营收入的核算

经营收入是指村集体经济组织当年发生的各项经营性收入。村集体经济组织应设置"经营收入"账户，在发生收入时，借记"银行存款""现金"等账户，贷记"经营收入"账户；在年终结转时，借记"经营收入"账户，贷记"本年收益"账户，结转后，该账户应无余额。该账户应按经营项目设置明细账户，进行明细核算。

【例5-1】 村集体经济组织出售一批当年入库的苹果，计收4 500

元,存入银行,该批苹果入库成本为3 500元。会计分录如下:

  借:银行存款   4 500

   贷:经营收入——农产品销售收入   4 500

  同时,结转已售苹果成本,会计分录如下:

  借:经营支出——农产品销售支出   3 500

   贷:库存物资——苹果   3 500

【例5-2】 村集体经济组织提供对外劳务服务,计收劳务费5 000元,存入银行。会计分录如下:

  借:银行存款   5 000

   贷:经营收入——劳务收入   5 000

2. 发包及上交收入的核算

  发包及上交收入是指农户和其他单位承包集体耕地、林地、果园、鱼塘等上交的承包金及村(组)办企业上交的利润。村集体经济组织应设置"发包及上交收入"账户进行核算。收到上交的承包金或利润时,借记"现金""银行存款"等账户,贷记"发包及上交收入"账户。年终结算本年应收未收的承包金和利润时,借记"内部往来"账户,贷记"发包及上交收入"账户。年终结转收益时,借记"发包及上交收入"账户,贷记"本年收益"账户,结转后,该账户应无余额。为详细反映发包及上交收入的具体情况,村集体经济组织应设置"承包金""企业上交利润"两个二级账户,并按项目设置明细账户,进行明细核算。

【例5-3】 村集体经济组织收到农户张三虎以现金上交承包集体果园的承包金8 000元。会计分录如下:

  借:现金   8 000

   贷:发包及上交收入——承包金——集体果园   8 000

【例5-4】 年终,村集体经济组织结算有关承包户当年应交未交的承包金5 000元。会计分录如下:

借：内部往来（或应收款）——有关农户   5 000
  贷：发包及上交收入——承包金   5 000

3. 农业税附加返还收入的核算

农业税附加返还收入是指村集体经济组织收到的乡（镇）农税征收部门返还的农业税附加、牧业税附加等资金。村集体经济组织应设置"农业税附加返还收入"账户进行核算。收到返还的农业税附加、牧业税附加等资金时，借记"现金""银行存款"等账户，贷记"农业税附加返还收入"账户。年终结转收益时，借记"农业税附加返还收入"账户，贷记"本年收益"账户，结账后，该账户应无余额。已免征农业税和牧业税的地区，不设置该账户。

【例 5-5】 村集体经济组织收到镇财政所从银行划转的农业税附加返还 78 000 元。会计分录如下：

借：银行存款   78 000
  贷：农业税附加返还收入   78 000

4. 补助收入的核算

补助收入是指村集体经济组织收到的财政等有关部门的补助资金。村集体经济组织应设置"补助收入"账户进行核算。收到补助资金时，借记"银行存款"等账户，贷记"补助收入"账户。年终结转收益时，借记"补助收入"账户，贷记"本年收益"账户，结转后，该账户应无余额。

【例 5-6】 村集体经济组织收到乡财政所从银行转来日常工作（运行）的补助款 50 000 元。会计分录如下：

借：银行存款   50 000
  贷：补助收入   50 000

5. 其他收入的核算

其他收入是指村集体经济组织除经营收入、发包及上交收入、农业税附加返还收入和补助收入以外的其他收入，如财产损失赔偿费、存款利息收入、固定资产及库存物资的盘盈收入等。村集体经济组织应设置"其他收入"账户进行核算。发生其他收入时,借记"现金""银行存款"等账户,贷记"其他收入"账户。年终结转时,借记"其他收入"账户,贷记"本年收益"账户,结转后,该账户应无余额。

【例 5-7】 村集体经济组织根据村规民约对村民李某破坏村集体财产的行为收取财产损失赔偿金 2 000 元,存入银行。会计分录如下:

  借:银行存款   2 000
   贷:其他收入——财产损失赔偿金   2 000

【例 5-8】 村集体经济组织在进行财产清查时盘盈库存木材一批,估价为 750 元。会计分录如下:

  借:库存物资——木材   750
   贷:其他收入——物资盘盈收入   750

小知识

补助收入和专项应付款的正确区分方法

有的村集体经济组织将所有上级补助款项都记入"补助收入"账户,这不仅虚增了收入,而且还容易造成核算上的混乱。补助收入是指村集体经济组织获得的财政等有关部门拨入的用于经常性支出项目的补助资金,一般没有指定特定用途的款项;专项应付款是村集体经济组织收到财政、其他有关部门和社会团体拨入的具有特定用途的各项专项资金,款项多用于资本性支出项目,如村庄办公室建设、街巷硬化、修桥、改厕等工程项目。收到上级有关部门无偿拨付的专项补助资金,应该记入"专项应付款"账户,并根据专项应付款种类设置明细账户,不应将收到的专项扶助资金记入"补助收入"等账户。

第二节 成 本

村集体经济组织的生产(劳务)成本是指其直接组织生产或对外提供劳务等活动所发生的各项生产费用和劳务成本。

一、成本项目

村集体经济组织成本项目是指生产农产品、工业产品和对外提供劳务发生的各种耗费,既包括生产产品和提供劳务而发生的直接费用,也包括为生产产品和提供劳务而发生的间接费用。

二、成本核算

村集体经济组织应设置"生产(劳务)成本"账户,进行成本核算。该账户属于成本类账户,借方反映按成本核算对象归集的各项生产费用和劳务成本,贷方反映完工入库产品和已实现销售的劳务的实际成本,期末借方余额反映村集体经济组织尚未完工的产品成本或尚未实现销售的产品成本或尚未结转的劳务成本,应按种类设置明细账户,进行明细核算。

1. 农产品成本核算

农产品成本通常应按产品生产周期计算。发生各项生产费用和劳务成本时,要归集和分配生产费用,能够分清属于某种产品负担的,就直接归集计入该种产品成本;不能区分的,可采用一定的方法分配,如按照产品的种植面积、作业面积、产量等分配,最后将耗用的直接材料、直接人工、其他直接费用和间接费用直接或分配计入产品生产成本,借记"生产(劳务)成本"账户,贷记"库存物资""应付工资""内部往来""应付款""现金"等账户,同时,还要进行明细分类核算。农产品收获入库时,将按成本核算对象归集的生产费用和劳务成本转入农产品成本,借记"库存物资"账户,贷记"生产(劳务)成本"账户。

【例5-9】 村集体经济组织统一经营耕种2亩玉米和3亩大豆,生产过程中投入的种子价值分别为220元和300元,施用化肥的价值分别为240元和150元,支付临时生产人员工资分别为380元和280元,支付给外村农机作业队的农机作业费为260元,其中玉米的费用为140元、大豆的费用为120元,两种作物应承担管理人员工资250

元。当年收获玉米1 200公斤、大豆625公斤。

(1) 投入种子时的会计分录为：

借：生产（劳务）成本——玉米	220
——大豆	300
贷：库存物资——种子——玉米	220
——大豆	300

(2) 施用化肥时的会计分录为：

借：生产（劳务）成本——玉米	240
——大豆	150
贷：库存物资——化肥	390

(3) 支付临时生产人员工资时的会计分录为：

借：生产（劳务）成本——玉米	380
——大豆	280
贷：现金	660

(4) 支付农机作业费时的会计分录为：

借：生产（劳务）成本——玉米	140
——大豆	120
贷：现金	260

(5) 计算分摊管理人员工资时，管理人员工资按产品种植面积分配，则：

$$分配率 = 250 \div 5 = 50(元／亩)$$
$$玉米应分摊管理人员工资 = 2 \times 50 = 100(元)$$
$$大豆应分摊管理人员工资 = 3 \times 50 = 150(元)$$

会计分录为：

借：生产（劳务）成本——玉米	100
——大豆	150
贷：现金	250

(6) 农产品收获入库时的会计分录为：

借：库存物资——玉米　　　　　　　　　　　　　1 080
　　　　　　——大豆　　　　　　　　　　　　　1 000
　　贷：生产（劳务）成本——玉米　　　　　　　　1 080
　　　　　　　　　　　——大豆　　　　　　　　1 000

2. 工业产品成本核算

村集体经济组织直接组织生产工业产品的成本核算，应当对生产经营过程中实际发生的各种生产费用和劳务成本进行计算，并进行相应的账务处理。发生各项生产费用和劳务成本时，借记"生产（劳务）成本"账户，贷记"库存物资""应付工资""内部往来""应付款""现金"等账户。产品完工入库时，将按成本核算对象归集的生产费用和劳务成本转入产品成本，借记"库存物资"账户，贷记"生产（劳务）成本"账户。

【例 5-10】 村集体经济组织统一经营的砖瓦厂生产一批红砖，共计发生下列支出：领用库存煤炭 5 000 元，取土时支付临时人员工资 2 000 元，生产过程中支付生产工人工资 8 000 元。生产期间制砖设备应提折旧 500 元。该批红砖已验收入库。

（1）领用煤炭时的会计分录为：

借：生产（劳务）成本——红砖　　　　　　　　　5 000
　　贷：库存物资——煤炭　　　　　　　　　　　　5 000

（2）支付临时人员工资时的会计分录为：

借：生产（劳务）成本——红砖　　　　　　　　　2 000
　　贷：现金　　　　　　　　　　　　　　　　　　2 000

（3）支付生产工人工资时的会计分录为：

借：生产（劳务）成本——红砖　　　　　　　　　8 000
　　贷：应付工资　　　　　　　　　　　　　　　　8 000

(4) 提取制砖设备折旧时的会计分录为：

借：生产（劳务）成本——红砖　　　　　　　　　　　　500
　　贷：累计折旧　　　　　　　　　　　　　　　　　　　500

(5) 红砖验收入库时的会计分录为：

借：库存物资——红砖　　　　　　　　　　　　　　15 500
　　贷：生产（劳务）成本——红砖　　　　　　　　　　15 500

3. 劳务成本核算

村集体经济组织对外提供劳务的成本核算，按成本对象归集费用项目，直接或分别计入劳务成本，借记"生产（劳务）成本"账户，贷记"库存物资""应付工资""内部往来""应付款""现金"等账户。对外提供劳务实现销售时，借记"经营支出"账户，贷记"生产（劳务）成本"账户。

【例5-11】 村集体经济组织承包了20×8年红星水库成鱼捕捞项目，合同约定10月下旬进场捕捞，水库提供捕捞设备，捕捞报酬与捕捞量挂钩，每公斤鱼报酬为0.80元，村集体经济组织严格履行了合同，于10月22日派村渔业队按捕捞期限作业，共捕捞成鱼7 500公斤，捕捞报酬6 000元已存入银行。捕捞期间共支付食宿费500元、交通费150元、渔民保险费800元，暂欠渔业队渔民捕捞作业报酬3 600元。

(1) 归集捕捞期间发生的费用时的会计分录为：

借：生产（劳务）成本——成鱼捕捞　　　　　　　　5 050
　　贷：现金　　　　　　　　　　　　　　　　　　　1 450
　　　　应付工资　　　　　　　　　　　　　　　　　3 600

(2) 收到捕捞报酬时的会计分录为：

借：银行存款　　　　　　　　　　　　　　　　　　6 000
　　贷：经营收入——劳务收入　　　　　　　　　　　6 000

（3）结转捕捞成本时的会计分录为：

借：经营支出　　　　　　　　　　　　　　　　　　　5 050
　　贷：生产（劳务）成本——成鱼捕捞　　　　　　　　5 050

第三节　费　用

一、成本和费用概述

　　村集体经济组织在生产、销售产品物资、对外提供劳务等活动中，必然要发生各种耗费，包括对原料如种子、化肥等物资的耗费，农业机械设备、产役畜或经济林木等劳动手段的耗费，人工等劳动力的耗费，以及其他有关的各项支出等，这些耗费和支出即构成了村集体经济组织的费用。而所谓成本是按一定对象所归集的费用，是对象化了的费用。也就是说，成本是相对于一定的产品或劳务而言，是按照产品品种或劳务项目等成本计算对象对当期发生的生产费用进行归集而形成的，与一定种类和数量的产品或劳务相联系。

　　《村集体经济组织会计制度》规定，生产（劳务）成本是指村集体经济组织直接组织生产或对外提供劳务等活动所发生的各项生产费用和劳务成本。这类费用在村集体经济组织生产或提供劳务的过程中发生，有的直接用于生产农产品或工业产品，或被对外提供的劳务所消耗，比如农业生产使用的种子、化肥、地膜等；有的与生产产品或提供劳务相关，但是属于共同性费用，需要分配计入产品的成本，比如用于农业生产的农机设备提取的折旧费等。村集体经济组织在进行成本核算时，需要对各项生产费用和劳务成本进一步划分为直接费用（如直接材料、直接人工等）和间接费用（如农业生产设备的折旧费等），以确定农产品、工业产品或劳务的成本。

　　根据《村集体经济组织会计制度》的规定，村集体经济组织当期发生的必须从当期收入中得到补偿的费用,包括经营支出、管理费用和其他支出等,这些费用与当期实现的收入相关,应当计入当期收益。在这些费用当中,有些费用与生产哪一种产品或提供哪一种劳务都无直接关联,应当直接从当期收益中得到补偿。比如,村集体经济组织干部的工资,一般不能与某一种农产品或某项对外提供的劳务直接相对应,因此作为管理费用处理。

二、经营支出的核算

经营支出是指村集体经济组织因销售商品、农产品、对外提供劳务等活动而发生的实际支出,包括销售商品或农产品的成本(生产成本、营销费用及相关税费等,下同),销售牲畜或林木的成本,对外提供劳务的成本,生产经营用固定资产的维修费、保险费,产役畜的饲养费用及其成本摊销,经济林木投产后的管护费用及其成本摊销,等等。

为了反映和监督经营支出的总体情况,村集体经济组织应设置"经营支出"账户进行核算。发生经营支出时,借记"经营支出"账户,贷记"库存物资""生产(劳务)成本""应付工资""内部往来""应付款""牲畜(禽)资产""林木资产"等账户。年终结转时,借记"本年收益"账户,贷记"经营支出"账户,结转后,本账户应无余额。

【例5-12】 村集体经济组织以现金250元支付果园管理劳务费。会计分录如下:

借:经营支出——果园管理支出　　　　　　　　　　　250
　　贷:现金　　　　　　　　　　　　　　　　　　　250

【例5-13】 村集体经济组织出库一批饲料,价值1 545元,用于喂养产役畜。会计分录如下:

借:经营支出——产役畜　　　　　　　　　　　　　1 545
　　贷:库存物资——饲料　　　　　　　　　　　　　1 545

【例5-14】 村集体经济组织出售库存小麦一批,价款30 000元存入银行。该批小麦的成本为 28 000 元。

(1) 收到货款时,会计分录如下:

借:银行存款 30 000
　　贷:经营收入——种植业收入 30 000

(2) 结转库存小麦时,会计分录如下:

借:经营支出——种植业支出 28 000
　　贷:库存物资——小麦 28 000

【例 5-15】 村集体经济组织修理鱼塘水泵一台,共发生修理费用 950 元,款项以现金支付,经批准一次计入经营支出。会计分录如下:

借:经营支出——渔业生产支出 950
　　贷:现金 950

三、管理费用的核算

管理费用是指村集体经济组织管理活动发生的各项支出,包括村集体经济组织管理人员的工资、办公费、差旅费、管理用固定资产折旧费和维修费等。

为了详细反映管理费用的具体情况,村集体经济组织应设置"管理费用"账户进行核算。发生管理费用时,借记"管理费用"账户,贷记"应付工资""现金""银行存款""累计折旧"等账户。年终结转时,借记"本年收益"账户,贷记"管理费用"账户,结转后,本账户应无余额。村集体经济组织应按管理费用的项目分别设置"办公费""差旅费""折旧费""干部报酬"等明细账户,进行明细核算。

【例 5-16】 村集体经济组织提取并支付本月管理人员工资 25 450 元。

(1) 提取时,会计分录如下:

借：管理费用——干部报酬　　　　　　　　　　　　25 450
　　　　贷：应付工资　　　　　　　　　　　　　　　　25 450

（2）支付时，会计分录如下：

　　借：应付工资　　　　　　　　　　　　　　　　　25 450
　　　　贷：银行存款　　　　　　　　　　　　　　　　25 450

【例5-17】　村集体经济组织提取本年度办公楼折旧费5 650元。会计分录如下：

　　借：管理费用——折旧费　　　　　　　　　　　　 5 650
　　　　贷：累计折旧　　　　　　　　　　　　　　　　 5 650

【例5-18】　村集体经济组织购买办公用品一批，价值855元，以现金支付。会计分录如下：

　　借：管理费用——办公费　　　　　　　　　　　　　 855
　　　　贷：现金　　　　　　　　　　　　　　　　　　　 855

四、其他支出的核算

其他支出是指村集体经济组织发生的与生产经营及管理活动无直接关系的他项支出，包括公益性固定资产折旧费用、非资本化借款利息支出、农业资产的死亡损毁支出、固定资产及库存物资的盘亏、损失、防汛抢险支出、无法收回的应收款项损失、罚款支出等。

为了详细反映其他支出的情况，村集体经济组织应设置"其他支出"账户进行核算。发生其他支出时，借记"其他支出"账户，贷记"累计折旧""现金""银行存款""库存物资""应付款"等账户。年终结转时，借记"本年收益"账户，贷记"其他支出"账户，结转后，本账户应无余额。

【例5-19】　外村债务人孙圆因车祸死亡，其所欠村集体经济组织的1 000元债务无法追回，经批准核销。会计分录如下：

借：其他支出——坏账损失　　　　　　　　　　　　　　1 000
　　贷：应收款——孙圆　　　　　　　　　　　　　　　　1 000

【例5-20】　村集体经济组织结转已清理完毕的村办小学房屋的净损失1 200元。会计分录如下：

借：其他支出——固定资产清理损失　　　　　　　　　1 200
　　贷：固定资产清理　　　　　　　　　　　　　　　　1 200

【例5-21】　村集体经济组织用银行存款支付非固定资产建设中的借款利息支出555元。会计分录如下：

借：其他支出——利息支出　　　　　　　　　　　　　　555
　　贷：银行存款　　　　　　　　　　　　　　　　　　　555

【例5-22】　村集体经济损失一批钢材，价值1 500元。经研究批准，由保管员李安赔偿700元，其余计入其他支出。会计分录如下：

借：其他支出——财产物资盘亏　　　　　　　　　　　　800
　　内部往来——李安　　　　　　　　　　　　　　　　700
　　贷：库存物资——钢材　　　　　　　　　　　　　　1 500

【例5-23】　村集体经济组织在组织抗洪救灾过程中，共发生支出1 560元，其中耗费草席850元，现金支出710元。会计分录如下：

借：其他支出——防汛抢险支出　　　　　　　　　　　1 560
　　贷：库存物资——草席　　　　　　　　　　　　　　850
　　　　现金　　　　　　　　　　　　　　　　　　　　710

第四节　收　　益

收益是指村集体经济组织在一定期间（月、季、年）内的生产经营、服务和管理活动所取得的净收入，即为收入和支出的差额，它反映村集体经济组织一定期间的财务成果，是反映和考核村集体经济组织生产经营活动的一项综合性财务指标。

随着农村改革的深化和农村经济的发展,村集体经济组织经济活动范围不断扩大,收益来源日益扩展,有直接生产经营活动形成的收入,也有进行投资活动的收益;有农户进行各种承包活动上交承包金及村办企业等单位上交利润形成的收入,还有取得的农业税附加返还及国家补助收入等。村集体经济组织要努力扩大收入,尽可能地降低成本与费用,增强村集体经济组织获得收益的能力和经济实力,便于更好更多地向农户分利和服务好村民。

一、收益总额的构成

村集体经济组织的收益是由多种来源构成的,其全年收益总额按下列公式计算:

收益总额 = 经营收益 + 发包及上交收入 + 农业税附加返还收入 + 补助收入
　　　　　+ 其他收入 + 投资净收益 − 管理费用 − 其他支出

经营收益 = 经营收入 − 经营支出

投资净收益 = 投资收益 − 投资费用或亏损

投资收益是指投资所取得的收益扣除发生的投资损失后的数额,包括对外投资分得的利润、现金股利和债券利息,以及投资到期收回或者中途转让取得款项高于账面价值的差额等。投资费用是指进行投资活动而发生的费用支出,包括投资咨询费、人员报酬、汇兑损失、中间利息及相关税费等。投资损失包括投资到期收回或者中途转让取得款项低于账面价值的差额。在会计账簿上,投资收益的数额即"投资收益"账户年末贷方余额。

二、收益的核算

为了反映和监督收益的形成过程,村集体经济组织应设置"本年收益"账户,用于核算村集体经济组织在年度内实现的收益(或亏损)总额。会计期末结转本年收益时,将"经营收入""发包及上交收入""农业税附加返还收入""补助收入""其他收入"账户的余额转入本账户的贷方,借记"经营收入""发包及上交收入""农业税附加返还收入""补助收入""其他收入"账户,贷记"经营支出""管理费用""其他支出"账户。"投资收益"账户的净收益,转入本账户,借记"投资收益"账户,贷记本账户;如为投资净损失,借记本账户,贷记"投资收益"账户。

年度终了时,应将本年收入和支出相抵后结出的本年实现的收益转入"收益分配"账户,借记本账户,贷记"收益分配——未分配收益"账户;如为净亏损,借记"收益分配——未分配收益"账户,贷记本账户,结转后,本账户应无余额。

【例5-24】 村集体经济组织20×8年12月份各损益类账户余额如下:

账户名称	借方余额	贷方余额
经营收入		20 000
发包及上交收入		25 000
农业税附加返还收入		75 000
补助收入		30 000
其他收入		7 500
投资收益		8 500
经营支出	17 000	
管理费用	40 000	
其他支出	6 000	

根据上述账户余额,作如下转账分录。

(1) 结转各项收入时:

借:经营收入　　　　　　　　　　　　　　　　20 000
　　发包及上交收入　　　　　　　　　　　　　25 000
　　农业税附加返还收入　　　　　　　　　　　75 000
　　补助收入　　　　　　　　　　　　　　　　30 000
　　其他收入　　　　　　　　　　　　　　　　7 500
　　贷:本年收益　　　　　　　　　　　　　　157 500

(2) 结转各项支出时：

借：本年收益　　　　　　　　　　　　　　　63 000
　　贷：经营支出　　　　　　　　　　　　　　17 000
　　　　管理费用　　　　　　　　　　　　　　40 000
　　　　其他支出　　　　　　　　　　　　　　 6 000

(3) 结转投资收益时：

借：投资收益　　　　　　　　　　　　　　　 8 500
　　贷：本年收益　　　　　　　　　　　　　　 8 500

转账后，"本年收益"账户借方发生额为 63 000 元，贷方发生额为 166 000(157 500＋8 500)元。根据借方与贷方发生额之差，计算出本年度的收益为 103 000(166 000－63 000)元。最后在结转"收益分配"时，会计分录为：

借：本年收益　　　　　　　　　　　　　　　103 000
　　贷：收益分配——未分配收益　　　　　　　103 000

三、收益分配的核算

为了反映和监督收益的分配情况，村集体经济组织应设置"收益分配"账户，用于核算村集体经济组织收益的分配和亏损的弥补情况，以及历年分配（或弥补亏损）后的结存余额，同时设置"各项分配"和"未分配收益"两个明细账户，进行明细核算。村集体经济组织用公积公益金弥补亏损时，借记"公积公益金"账户，贷记"收益分配——未分配收益"账户；按规定计算提取公积公益金和应付福利费、发生外来投资分利、进行农户分配等时，借记"收益分配——各项分配"账户，贷记"公积公益金""应付福利费""应付款""内部往来"等账户。年终时，村集体经济组织应将全部实现的收益总额，自"本年收益"账户转入本账户，借记"本年收益"账户，贷记"收益分配——未分配收益"账户，如为净亏损，则做相反会计分录。同时，将"收益分配"账户下的"各项分配"明细账户的余额转入"收益分配"账户下的"未分配收益"明细账户。年度终了时,"收益分配"账户的"各项分配"明细账户应无余额,"未分配收益"明细账户的贷方余额表示未分配的收益,借方余额表示未弥补的亏损。

年终结账后,如发现以前年度收益计算不准确,或有未反映的会计业务,需要调整增加或减少本年收益的,也在"收益分配——未分配收益"账户核算。调整增加本年收益时,借记有关账户,贷记"收益分配——未分配收益"账户;调整减少本年收益时,借记"收益分配——未分配收益"账户,贷记有关账户。

"收益分配"账户的余额为历年积存的未分配收益(或未弥补亏损)。

【例5-25】 村集体经济组织用"公积公益金——公积金"弥补上年亏损6 500元。

用"公积公益金——公积金"弥补上年亏损,会减少"公积公益金——公积金"数额,增加可分配的收益数额,因此应借记"公积公益金——公积金"账户,贷记"收益分配"账户。会计分录为:

借:公积公益金——公积金　　　　　　　　　　　6 500
　　贷:收益分配——未分配收益　　　　　　　　　　6 500

【例5-26】 本年度,村集体经济组织实现收益80 000元,根据有关政策规定,并经成员大会批准,按以下分配方案进行收益分配:按50%提取公积公益金(应明确提取的公积金、公益金的比例),按15%提取应付福利费,按10%进行投资分利,按10%分配给农户。

(1)结转本年收益时,把收益金额从"本年收益"账户的借方转入"收益分配"账户的贷方。会计分录为:

借:本年收益　　　　　　　　　　　　　　　　　80 000
　　贷:收益分配——未分配收益　　　　　　　　　　80 000

(2)提取各项分配时,按照确定的分配方案,提取相应的公积益金、应付福利费以及应分配给外单位、农户的金额。会计分录为：

```
借：收益分配——未分配收益                        68 000
    贷：收益分配——各项分配——提取公积公益金      40 000
                            ——提取应付福利费      12 000
                            ——外来投资分利         8 000
                            ——农户分配             8 000
```

(3) 进行各项分配时，增加"收益分配"账户的借方金额，同时，按照提取的公积公益金、应付福利费以及应分配给外单位、农户的金额，分别贷记"公积公益金""应付福利费""应付款""内部往来"账户。会计分录为：

```
借：收益分配——各项分配——提取公积公益金        40 000
                        ——提取应付福利费        12 000
                        ——外来投资分利           8 000
                        ——农户分配               8 000
    贷：公积公益金                                40 000
        应付福利费                                12 000
        应付款——有关单位                          8 000
        内部往来——各农户                          8 000
```

(4) 假设上年(今年年初)的"收益分配——未分配收益"账户的余额为零，经过上述账务处理后，今年年底的"收益分配——未分配收益"账户余额为 12 000(80 000—68 000)元，即为年终未分配收益金额。

【例 5-27】 年终结账后，村集体经济组织发现集体果园承包人张三欠承包费 2 000 元，未入账。

年终结账后，发现上年度张三承包费未入账，属收入漏记，需增加收益，借记"内部往来"账户，贷记"收益分配——未分配收益"账户。会计分录为：

```
借：内部往来——张三                               2 000
    贷：收益分配——未分配收益                      2 000
```

【例5-28】 年终结账后,发现上年村集体经济组织还欠邮电费300元。

欠邮电费应导致收入减少,需借记"收益分配——未分配收益"账户,贷记"应付款"账户。会计分录为:

借:收益分配——未分配收益　　　　　　　　　　　　300
　　贷:应付款——邮电局　　　　　　　　　　　　　　　300

小知识

现阶段,农村(特别是贫困地区)经济转型发展探索的"三变"模式,即"资源变资产、资金变股金、农民变股民",以贵州省六盘水市为主要代表,并在陕西省、甘肃省等地得到逐步推行。在扶贫开发中,通过盘活农村的自然资源和景观,财政投入资金、社会资本等要素投入农村经济、社会、文化、生态等方面的建设,增加了集体收入,带动了贫困地区农民脱贫致富和美丽家园建设。农村资源变资产、资金变股金、农民变股东是农村产权制度的一次重大变革,对于破解当前"三农"发展瓶颈具有"牵一发而动全身""一子落而满盘活"的重大效应,是一项重要理论创新、实践创新、机制创新。

长期以来,农村资源分散、资金分散、农民分散的情况比较突出,难以适应农村经济规模化、组织化、市场化的发展需要,"统分结合"的双层经营体制的优越性没有得到充分发挥,而通过"资源变资产、资金变股金、农民变股东"的改革恰恰抓住了"统"得不够的农村改革症结,通过股权纽带让农村沉睡的资源活起来、各类分散的资金聚起来、农民增收的渠道多起来,促进了农业生产经营的集约化、专业化、组织化、社会化程度的提高,实现个人生产力与社会生产力相互配合、协调发展,让"统分结合"的双层经营体制的优越性得到更加有效的发挥,是农村改革的生动实践。

第六章　村集体经济组织会计报表

第一节　会计报表的意义和作用

一、会计报表的意义

会计报表是综合反映村集体经济组织某一特定日期的资产、负债和所有者权益状况,以及某一特定期间的经营成果、可供分配成果及其分配情况的一种表格式书面报告。会计报表是根据村集体经济组织日常的会计核算资料归集、加工和汇总后形成的,是其会计核算的最终成果。编制会计报表是会计核算的一种专门方法,是传递会计信息的一种方式。会计报表的编制是以日常核算资料为基础的,日常核算的质量直接影响着会计报表的质量。

二、会计报表的作用

村集体经济组织编制会计报表的主要目的,是为村集体经济组织会计报表使用者进行决策提供会计信息,是加强村集体财务管理,促进财务公开和民主管理的重要手段。村集体经济组织会计报表的使用者通常包括村集体经济组织成员、管理人员和外部出资者、债权人(如银行或信用社)、农村经营管理部门或财政部门等政府机构。不同的报表使用者对村集体经济组织会计报表所提供信息的要求各有侧重。会计报表主要有以下四个方面的作用。

(一) 为民主理财和村务公开提供信息

村集体经济组织成员最关注的是村集体经济组织的资产、负债状况、各项资金的使用情况、收益及收益分配情况、村公益事业经费使用情况、"一事一议"资金的筹集和使用情况等。村集体经济组织成员是村集体经济组织会计报表的主要使用者,向村集体经济组织成员提供该集体经济组织会计报表也是落实民主理财和村务公开,推进村级事务民主决策,接受农民群众监督的重要途径。从这一角度来讲,所编制的村集体经济组织会计报表要提供民主理财所需要的信息。

(二) 为投资者提供收益和收益分配方面的信息

村集体经济组织接受的投资有成员的投资、吸收的外来投资等,作为出资者,其主要关注投资能够获得的回报情况。为此,村集体经济组织编制的会计报表,应当为其提供有关村集体经济组织的收益和收益分配情况的信息,满足出资者经营决策的需要。

(三) 为债权人提供偿债能力方面的信息

债权人主要关注的是其所提供给村集体经济组织的资金是否安全,自己的债权是否能够按期如数收回。为此,村集体经济组织编制的会计报表,应提供有关村集体经济组织偿债能力的信息。

(四) 为国家宏观决策提供必要的信息

农村经营管理部门或财政部门等政府机构关注的是各项强农惠农资金及专项补助资金的分配和运用情况,需要了解经济政策的制定、国民收入的统计等有关方面的信息。为此,村集体经济组织编制的会计报表,应当提供有关村集体经济组织的上级各项补助资金运用、分配方面的情况,为国家的宏观决策提供必要的信息。

第二节 会计报表的种类和编制要求

一、按照编制日期分类

会计报表按照编制日期的不同,可以分为月份报表、季度报表和年度报表三种。

(一) 月份报表

月份报表简称月报,是反映一个月内村集体经济组织财务收支和运行情况的会计报表。月份报表期间短,内容简单。

(二) 季度报表

季度报表简称季报,是反映一个季度内村集体经济组织财务收支和运行情况的会计报表。在编制季度报表的某些月份(如3月、6月、9月、12月)就不需另编月报。季报的内容比月报更为全面。

(三) 年度报表

年度报表简称年报,又叫年度决算报表,它是在年末编制的会计报表。年度是整个会计期间的终结期,要对村集体经济组织的全年经营状况进行全面总结与检查,因而年报的内容要求全面、完整。

二、按照编制单位分类

会计报表按照编制单位的不同,可以分为基层报表和汇总报表两种。

(一) 基层报表

基层报表是指由各独立核算单位编制的会计报表。

(二) 汇总报表

汇总报表是指由各级汇总单位根据所属单位上报的报表汇总编制的会计报表。

三、按照经济内容分类

会计报表按照经济内容,可以分为收入成果报表和资金报表两大类。

(一) 收入成果报表

收入成果报表是综合反映村集体经济组织一定时期内各项收入、支出、财务成果及其分配情况的报表,也是进行财务公开的报表,如收支明细表、收益分配表。

（二）资金报表

资金报表是综合反映资产、负债和所有者权益的会计报表，如资产负债表。村集体经济组织应编制的月份、季度会计报表包括科目余额表和收支明细表；应编制的年度报表，包括资产负债表和收益分配表。在实际工作中，可采用科目（财务）余额表来反映村组集体（财务）运行及经济活动的基本情况。

四、会计报表的编制要求

为了使村集体经济组织的会计报表能够最大限度地满足各有关方面的需要，发挥会计报表客观反映村组集体财务运行状况的作用，《村集体经济组织会计制度》规定，村集体经济组织应按规定准确、及时、完整地编制会计报表，定期向农村经营管理部门和财政部门上报，并向全体成员公布。

（一）编制会计报表前的准备工作

编制会计报表是村集体经济组织会计核算的一项重要工作，它是在完整的日常会计账簿记录的基础上，对所取得的资料进行加工、整理、汇总。因此，编制会计报表之前，应做好以下准备工作。

（1）将报告期所发生的经济业务全部入账，不得遗漏。

（2）检查、核对账簿记录，做到账款相符、账实相符、账证相符、账账相符，并试算平衡。

（3）对货币资金、各项财产物资和往来款项进行全面清理盘点，根据清查结果和规定要求进行认真处理，达到账实相符。

（4）核实各项收入、支出，正确计算收益，确定分配方案。

（二）编制会计报表的一般要求

为了提高会计报表的质量，充分发挥会计报表的作用，编制会计报表时应做到真实可靠、全面完整、编报及时、便于理解。

1. 真实可靠

会计的基本职能是核算、反映和监督，如实反映生产经营活动和财务状况,是会计的一项基本原则。这就要求村集体经济组织会计报表各项目的数据必须建立在真实可靠的基础之上,使村集体经济组织会计报表能够如实地反映村集体经济组织的财务状况、经营收益及收益分配的情况。因此,编制会计报表必须以核对无误的账簿记录,作为编制会计报表的依据,绝不允许弄虚作假,篡改数字,用估计数代替实际数编制报表。只有保证会计报表的质量,才能保证会计分析的质量,提高会计报表的利用效果。如果会计报表所提供的资料不真实或者可靠性很差,则不仅不能发挥会计报表的应有作用,而且还会导致会计报表使用者对村集体经济组织的财务状况、经营成果做出错误的评价与判断,并因而做出错误的经营决策,而且还有可能引发群众的信访事件。

2. **全面完整**

村集体经济组织的会计报表应当全面地反映村集体经济组织的财务状况、经营成果和收益分配情况,完整地反映村集体经济组织财务活动的过程和结果,以满足各有关方面对财务会计信息资料的需要。为了保证会计报表的全面完整,村集体经济组织在编制会计报表时,要按照统一规定的报表种类编报齐全,各会计报表中的指标项目,不论是基本项目还是补充项目,都应逐项填列,不得漏编、漏报。只有内容完整的会计报表,才能为使用会计报表的有关各方提供必要的资料,据以进行检查、分析、考核。

3. **编报及时**

会计报表必须按照统一规定的报送时间及时编制报送,以保证会计报表的及时性。只有及时编制和报送会计报表,才能充分发挥会计报表的作用,为使用者提供决策所需的信息资料。否则,即使会计报表的编制非常真实可靠、全面完整,但由于编报不及时,也可能失去其应有的价值。但是,也不能为了赶编会计报表而提前结账,更不能因此而草率行事,影响会计报表的质量。

4. **便于理解**

可理解性是指会计报表提供的信息可以被使用者所理解。村集体经济组织对外提供的会计报表是为会计报表使用者提供有关村集体经济组织财务状况和经营成果的有关资料。因此,编制的会计报表应当清晰明了。如果提供的会计报表不容易被理解,使用者就不能据以做出准确的判断和正确的评价,所提供的会计报表的作用也会大大降低。

第三节　资产负债表及其编制

一、资产负债表的意义

资产负债表是总括地反映村集体经济组织在某一特定日期(月末、季末和年末)财务状况的会计报表。资产负债表的基本结构是以"资产＝负债＋所有者权益"这一会计平衡公式为理论基础的,等式的左边是村集体经济组织的资产,即村集体经济组织在生产经营活动中持有的各种经济资源,等式的右边是村集体经济组织的债务、投资者投入的资金及村集体经济组织的留存收益部分。

(1)通过编制资产负债表可以向有关方面提供有关的经济信息,全面反映资产、负债和所有者权益的全貌。

(2)通过资产负债表可以反映村集体经济组织在某一日期的资产总额,说明所拥有的经济资源的数量及分布状况,是分析村集体经济组织生产经营与管理活动的重要资料。

(3)通过资产负债表,可以反映在某一日期的负债总额,以此了解村集体经济组织资金来源的构成,分析资金结构,了解村集体经济组织未来偿还各种债务能力。

(4)通过资产负债表,可以反映在某一日期的所有者权益总额,说明投资者在村集体经济组织资产中所占的份额,了解权益的结构情况。

(5)通过对资产负债表的分析,可以了解村集体经济组织的偿债能力、投资实力和支付实力。把前后各期的资产负债表加以对照分析，还可以看出村集体经济组织资金结构的变化情况及财务状况的变动趋势。

可以说，资产负债表反映了村集体经济组织的资产、负债和所有者权益的全貌。通过编制资产负债表，还可以为报表使用者提供以下几方面的信息。

（1）掌握村集体经济组织年末所拥有的资产及其状况，分析村集体经济组织年末拥有的经济资源及其分布情况。

（2）掌握村集体经济组织年末负债总额及其结构情况，分析村集体经济组织目前和未来需要支付的债务数额。

（3）掌握村集体经济组织所有者权益情况，了解村集体经济组织现有的出资者在村集体经济组织净资产中所占的份额。

（4）掌握通过对资产负债表的分析，可以了解村集体经济组织的财务实力、短期偿债能力和支付能力。

二、资产负债表的结构和内容

完整的村集体经济组织资产负债表由三部分组成：表头、正表和补充资料。表头说明编制单位的名称、报表的名称、编制报表的日期和货币的计量单位，正表反映资产负债表的基本内容，补充资料是对正表中未能说明的、对村集体经济组织财务状况具有影响的事项所做的补充说明。

根据《村集体经济组织会计制度》的规定，村集体经济组织的资产负债表正表采用账户式结构。账户式资产负债表分左右两部分。左边为资产项目，大致按照流动性排列，流动性大的资产即容易变现的项目如"货币资金""短期投资"等排在前面，流动性小的资产即不易变现的项目如"长期投资""固定资产"等则排在后面。右边为负债及所有者权益项目，一般按照要求偿还权利的先后顺序排列，"短期借款""应付款项"等需要在1年以内（含1年）偿还的流动负债排在前面，

"长期借款及应付款"等在1年以上才需要偿还的长期负债排在中间，在村集体经济组织清算之前不需要偿还的所有者权益项目，如资本、公积公益金等排在后面，所有者权益类项目内部按其重要性顺序排列。资产各项目合计应当等于负债和所有者权益各项目的合计。

补充资料以简表的形式对资产负债表正表进行补充说明，主要反映尚未审批入账的资产清查损失，并对所涉事项发生的金额、时间、原因等进行说明。村集体经济组织的资产负债表表样如表6-1和表6-2所示。

表 6-1　　　　　　　　　　资产负债表

填报单位：　　　　　　　　　年　月　日　　　　　　　　单位：元

资产	行次	年初数	年末数	负债及所有者权益	行次	年初数	年末数
流动资产：				流动负债：			
货币资金	1			短期借款	35		
短期投资	2			应付款项	36		
应收款项	5			应付工资	37		
存货	8			应付福利费	38		
流动资产合计	9			流动负债合计	41		
农业资产：				长期负债			
牲畜(禽)资产	10			长期借款及应付款	42		
林木资产	11			一事一议资金	43		
农业资产合计	15			长期负债合计	46		
长期资产：				负债合计	49		
长期投资	16			所有者权益：			
固定资产：				资本	50		
固定资产原价	19			公积公益金	51		
减：累计折旧	20			未分配收益	52		
固定资产净值	21			所有者权益合计	53		
固定资产清理	22			负债和所有者权益合计	56		
在建工程	23						
固定资产合计	26						
资产总计	32						

单位负责人：　　　监督小组负责人：　　　会计：　　　出纳：

表 6-2　　　　　　　　　资产负债表补充资料

序号	项　　目	金　　额	说　　明
1	无法收回、尚未批准核销的短期投资		
2	确实无法收回、尚未批准核销的应收款项		
3	盘亏、毁损和报废、尚未批准核销的存货		
4	死亡毁损、尚未批准核销的农业资产		
5	无法收回、尚未批准核销的长期投资		
6	盘亏和毁损、尚未批准核销的固定资产		
7	毁损和报废、尚未批准核销的在建工程		

单位负责人：　　　监督小组负责人：　　　会计：　　　出纳：

三、资产负债表的编制方法

资产负债表的编制是在期末编制工作底稿、登记有关总账和明细账的基础上编制的。资产负债表中的项目有的同总账科目一致，有的稍有差别。因此，资产负债表的填列方法可分为直接填列法和间接填列法。

1. **直接填列法**

直接填列法是根据总分类账或明细账有关账户的期末余额直接填列表中有关项目。如"长期投资"项目，直接根据"长期投资"账户的期末余额填列。又如"其他资产"项目按"其他资产"总分类账的明细账户直接填列。

2. **间接填列法**

间接填列法是根据有关总账户或明细分类账户整理或计算填列。如"货币资金"项目就是根据"现金"和"银行存款"账户的年末余额合计数填列的。

3. **资产负债**

表中"年初数"应按上年末资产负债表"年末数"栏内所列数字填列。如果本年度资产负债表规定的各个栏目的名称和内容同上年度不相一致，应对上年末资产负债表表格项目的名称和数字按照本年度的规定进行调整,填入本表"年初数"栏,并加以书面说明。

若实行财务电算化核算的村组,可直接生成资产负债表。

报表附注应将村集体经济组织经产权制度改革后形成的股权管理、股份总数及其所包含的价值状况陈述清楚。

按规定,村集体经济组织每年年底都应进行资产清查,应将年底资产清查情况在补充资料中列示清楚,以供成员(村民)监督。

四、各项目的具体填写

资产负债本表反映村集体经济组织年末的资产、负债和所有者权益状况。

村集体经济组织资产负债表的各项目均需要填列"年初数"和"年末数"两栏。其中,"年初数"栏内各项数字应当根据上年末资产负债表的"年末数"栏内所列数字填列,如果本年度资产负债表规定的各项目的名称和内容与上年不一致,则应对上年年末资产负债表各项目的名称和数字按照本年度的规定进行调整,填入资产负债表的"年初数"栏内,并加以说明;"年末数"栏内的各项数额应当根据各项目有关账户的年末余额填列。

根据《村集体经济组织会计制度》的规定,资产负债表各项目"年末数"的内容和填列方法如下。

(1)"货币资金"项目,反映村集体经济组织库存现金、银行存款等货币资金的合计数。本项目应根据"现金""银行存款"账户的年末余额合计填列。

(2)"短期投资"项目,反映村集体经济组织购入的各种能随时变现并且持有时间不超过一年(含一年)的有价证券等投资。本项目应根据"短期投资"账户的年末余额填列。

(3)"应收款项"项目,反映村集体经济组织应收而未收回和暂付的各种款项。本项目应根据"应收款"账户年末余额和"内部往来"各明细账户年末借方余额合计数合计填列。

(4)"存货"项目,反映村集体经济组织年末在库、在途和在加工中的各项存货的价值,包括各种原材料、农用材料、农产品、工业产成品等物资、在产品等。本项目应根据"库存物资""生产(劳务)成本"账户年末余额合计填列。

(5)"牲畜(禽)资产"项目,反映村集体经济组织购入或培育的幼畜及育肥畜和产役畜的账面余额。本项目应根据"牲畜(禽)资产"账户的年末余额填列。

(6)"林木资产"项目,反映村集体经济组织购入或营造的林木的账面余额。本项目应根据"林木资产"账户的年末余额填列。

(7)"长期投资"项目,反映村集体经济组织不准备在一年内(不含一年)变现的投资。本项目应根据"长期投资"账户的年末余额填列。

(8)"固定资产原价"项目和"累计折旧"项目,反映村集体经济组织各种固定资产原价及累计折旧。这两个项目应根据"固定资产"科目和"累计折旧"账户的年末余额填列。

(9)"固定资产清理"项目,反映村集体经济组织因出售、报废、毁损等原因转入清理但尚未清理完毕的固定资产的账面净值,以及固定资产清理过程中所发生的清理费用和变价收入等各项金额的差额。本项目应根据"固定资产清理"账户的年末借方余额填列,如为贷方余额,本项目数字应以"—"号表示。

(10)"在建工程"项目,反映村集体经济组织各项尚未完工或虽已完工但尚未办理竣工决算的工程项目的实际成本。本项目应根据"在建工程"账户的年末余额填列。

(11)"短期借款"项目,反映村集体经济组织借入尚未归还的1年期以下(含1年)的借款。本项目应根据"短期借款"账户的年末余额填列。

(12)"应付款项"项目,反映村集体经济组织应付而未付及暂收和尚未使用完的上级拨入的专项资金等各种款项。本项目应根据"应付款""专项应付款"账户年末余额和"内部往来"各明细账户年末贷方余额合计数合计填列。

（13）"应付工资"项目，反映村集体经济组织已提取但尚未支付的职工工资。本项目应根据"应付工资"账户年末余额填列。

（14）"应付福利费"项目，反映村集体经济组织已提取但尚未使用的福利费金额。本项目应根据"应付福利费"账户年末贷方余额填列；如为借方余额，本项目数字应以"－"号表示。

（15）"长期借款及应付款"项目，反映村集体经济组织借入尚未归还的1年期以上（不含1年）的借款以及偿还期在1年以上（不含1年）的应付未付款项。本项目应根据"长期借款及应付款"账户年末余额填列。

（16）"一事一议资金"项目，反映村集体经济组织应当用于一事一议专项工程建设的资金数额。本项目应根据"一事一议资金"账户年末贷方余额填列，如为借方余额，本项目数字应以"－"号表示。

（17）"资本"项目，反映村集体经济组织实际收到投入的资本总额。本项目应根据"资本"账户的年末余额填列。

（18）"公积公益金"项目，反映村集体经济组织公积公益金的年末余额。本项目应根据"公积公益金"账户的年末贷方余额填列。

（19）"未分配收益"项目，反映村集体经济组织尚未分配的收益。本项目应根据"本年收益"科目和"收益分配"账户的余额计算填列，未弥补的亏损，在本项目内数字以"－"号表示。

此外，《村集体经济组织会计制度》规定，每年年度终了，村集体经济组织应当对短期投资、应收款、存货、农业资产、长期投资、固定资产、在建工程等资产进行全面检查，对于已发生损失但尚未批准核销的各项资产，应在资产负债表补充资料中予以披露和说明。这些补充资料包括：①无法收回、尚未批准核销的短期投资；②确实无法收回、尚未批准核销的应收款项；③盘亏、毁损和报废、尚未批准核销的存货；④死亡毁损、尚未批准核销的农业资产；⑤无法收回、尚未批准核销的长期投资;⑥盘亏和毁损、尚未批准核销的固定资产;⑦毁损和报废、尚未批准核销的在建工程;⑧资产负债表中尚未列入的村集体资产事项,如冻结的资产物资、或有资产、或有负债、或有权益等。

根据村集体经济组织产权制度改革的要求,已完成改革任务的村集体经济组织,还应将股权设置与管理、股份状况与资源性资产、经营性资产、非经营性资产的存量与每股含量、主要管护与运营机制、制度等情况在报表附注中加以说明。

村集体经济组织在编制资产负债表时,还需要注意以下三点。

(1) 如果村集体经济组织有无形资产,并按照《村集体经济组织会计制度》的规定增设"161 无形资产"账户的,在编制资产负债表时,应当在"固定资产合计"项目(26 行)下增设"无形资产"项目(27 行)。

(2) 如果村集体经济组织有向所属单位拨付资金业务,并按照《村集体经济组织会计制度》的规定增设"171 拨付所属单位资金"账户的,在编制资产负债表时,应当在"长期投资"项目(16 行)下增设"拨付所属单位资金"项目(17 行)。

(3) 如果村集体经济组织有接受国家拨入的具有专门用途拨款的,并根据《村集体经济组织会计制度》的规定增设了"241 专项应付款"账户的,在编制资产负债表时,应当在"一事一议资金"项目(43 行)下增设"专项应付款"项目(44 行)。

第四节 收益及收益分配表

一、收益及收益分配表的意义和作用

收益及收益分配表是反映村集体经济组织年度内收益实现及其分配实际情况的报表。通过收益及收益分配表中的本年收益部分,可以从总体上了解村集体经济组织收入、成本和费用及本年收益的实现及构成情况,同时,还可以分析村集体经济组织的盈利能力及收益的

未来发展趋势。收益既是村集体经济组织经营成果的综合体现,又是村集体经济组织进行收益分配的主要依据,通过收益及收益分配表中的收益分配部分,可以了解村集体经济组织年末对实现收益、以前年度未分配收益的分配或亏损弥补的情况,以及年末未分配收益的结余数额。

更重要的是,由于村集体经济组织干部的任免和考核与其经营业绩直接相关,《村集体经济组织会计制度》在收益及收益分配表中,提出了"经营收益"概念,并要求单独列示这个项目,使报表阅读者能够非常直观地看出村集体经济组织由生产经营和管理活动而形成的"经营收益",以便于考核村集体经济组织的业绩。

《村集体经济组织会计制度》区分经营活动形成的收益和其他来源形成的收益,是因为村集体经济组织的有些收入来源(如补助收入等)与村集体经济组织本身的经营和管理业绩并不直接相关,如果不将这部分收入与村集体经济组织生产经营和管理活动形成的经营收益相区分,很难直接考核村集体经济组织干部真实的业绩。举例来说,村集体经济组织某一年度的收益和可分配收益可能较高,但主要原因是因为取得的补助收入较高,而不是因为村集体经济组织的生产经营情况好,因而也不能得出结论说村干部的业绩就好;反过来,某一年度的生产经营情况较好,经营收益因此也比较高,但是本年收益和可分配收益的数据不是很理想,这可能是因为村集体经济组织为村民兴办了公益性事业(如中小学、敬老院等),这些公益性设施每期提取的折旧计入了其他支出中,因此,尽管经营收益较高,本年收益却不是太高,但并不能因此认为村干部的业绩不好,因为兴办集体公益事业也是为农民办好事。

二、收益及收益分配表的内容和格式

村集体经济组织收益及收益分配表由本年收益和收益分配两大部分组成。左边是本年收益部分,右边是收益分配部分。收益及收益分配表的格式如表 6-3 所示。

表 6-3　　　　　　　　　　　收益及收益分配表

编制单位：　　　　　　　　　　　　年　月　日　　　　　　　　　　　　单位：元

项　　目	行次	金额	项　　目	行次	金额
本年收益			收益分配		
一、经营收入	1		四、本年收益	21	
加：发包及上交收入	2		加：年初未分配收益	22	
投资收益	3		其他转入	23	
减：经营支出	6		五、可分配收益	26	
管理费用	7		减：1. 提取公积公益金	27	
二、经营收益	10		2. 提取应付福利费	28	
加：补助收入	11		3. 外来投资分利	29	
其他收入	12		4. 农户分配	30	
减：其他支出	13		5. 其他	31	
三、本年收益	16		六、年末未分配收益	35	

领导审核：　　　　　监督小组意见：　　　　　会计：　　　　　出纳：

三、收益及收益分配表的编制方法

（一）村集体经济组织收益及收益分配表的编制步骤

村集体经济组织的收益及收益分配表采用多步式，其主要编制步骤和内容如下。

（1）以经营收入为基础，加上发包及上缴收入和投资收益，减去经营支出和管理费用，计算出经营收益。

（2）以经营收益为基础，加上农业税附加返还收入、补助收入和其他收入，减去其他支出，计算出本年收益（或亏损）。

（3）以本年收益为基础，加上年初未分配收益和按规定由公积公益金弥补亏损等转入的数额，计算出可分配收益。

（4）以可分配收益为基础，减去提取的公积公益金、应付福利费、外来投资分利、农户分配和其他分配等，计算出年末结余的未分配收益。

（二）收益及收益分配表的编制方法

《村集体经济组织会计制度》规定，收益及收益分配表主要项目的内容及其填列方法如下。

（1）"经营收入"项目，反映村集体经济组织进行各项生产、服务等经营活动取得的收入。本项目应根据"经营收入"账户的本年发生额如实填列。

（2）"发包及上交收入"项目，反映村集体经济组织取得的农户和其他单位上缴的承包金及村（组）办企业上缴的利润等。本项目应根据"发包及上交收入"账户的本年发生额如实填列。

（3）"投资收益"项目，反映村集体经济组织对外投资取得的收益。本项目应根据"投资收益"账户的本年发生额分析填列；如为投资损失，以"－"号填列。

（4）"经营支出"项目，反映村集体经济组织因销售商品、农产品、对外提供劳务等活动而发生的支出。本项目应根据"经营支出"账户的本年发生额分析填列。

（5）"管理费用"项目，反映村集体经济组织管理活动发生的各项支出。本项目应根据"管理费用"账户的本年发生额如实填列。

（6）"经营收益"项目，反映村集体经济组织本年通过生产经营活动实现的收益。如为净亏损，本项目数字以"－"号填列。

（7）"补助收入"项目，反映村集体经济组织获得的财政等有关部门的补助资金。本项目应根据"补助收入"账户的本年发生额填列。

（8）"其他收入"项目和"其他支出"项目，反映村集体经济组织与经营管理活动无直接关系的各项收入和支出。这两个项目应分别根据"其他收入"账户和"其他支出"账户的本年发生额填列。

（9）"本年收益"项目，反映村集体经济组织本年实现的收益总额。如为亏损总额，本项目数字以"－"号填列。

（10）"年初未分配收益"项目，反映村集体经济组织上年度未分配的收益。本项目应根据上年度收益及收益分配表中的"年末未分配收益"账户的数额填列。如为未弥补的亏损,本项目以"－"号填列。

（11）"其他转入"项目,反映村集体经济组织按规定用公积金弥补亏损等转入的数额。

（12）"可分配收益"项目,反映村集体经济组织年末可分配的收益总额。本项目应根据"本年收益"项目、"年初未分配收益"项目和"其他转入"项目的合计数填列。

（13）"年末未分配收益"项目,反映村集体经济组织年末累计未分配的收益。本项目应根据"可分配收益"项目扣除各项分配数额的余额填列。如为未弥补的亏损,本项目数字以"－"号填列,并在账面上列示为"未分配收益——未弥补亏损",反映在该科目的借方。

第五节 财务公开表

村集体经济组织因加强民主管理的需要,应对村民关心的财务运行情况、财务收支情况,特别是现金、银行存款的收付情况采取一定的方式进行公开,主动自觉地接受群众的监督。在实际工作中,财务公开表主要有科目(财务)余额表、收支明细表、现金收支明细表、银行存款收支明细表等。

一、科目(财务)余额表

（一）科目(财务)余额表的表样

科目(财务)余额表的表样如表6-4所示。

（二）科目(财务)余额表的编制

科目(财务)余额表是全面完整地反映村集体经济组织财务运行结果的报表,是当期所有会计科目的余额,数据直接来源于会计总账,可清楚、直接地反映出村集体经济组织的资产、经营成本、支出、负债、所有者权益和收入情况,便于阅读和理解。

表 6-4　　　　　村集体经济组织　　年　月科目(财务)余额表

填报单位：　　　村(社区)　　　　小组　　填报时间：　　年　月　日　　　　　单位：元

资产、支出类科目	借方余额	贷方余额	负债权益、收入类科目	借方余额	贷方余额
现　金			短期借款		
银行存款			应付款		
短期投资			应付工资		
应收款			应付福利费		
内部往来			长期借款及应付款		
库存物资			一事一议资金		
牲畜(禽)资产			专项应付款		
林木资产			四、负债合计		
长期投资			资　本		
固定资产			公积公益金		
累计折旧			收益分配(未分配收益)		
固定资产清理			五、所有者权益合计		
在建工程			经营收入		
无形资产			发包及上交收入		
一、资产合计			农业税附加返还收入		
生产(劳务)成本			补助收入		
经营支出			其他收入		
管理费用			投资收益		
其他支出					
二、成本支出合计			六、收入合计		
三、资产成本支出总计			七、负债权益收入总计		

平衡关系：① 资产成本支出总计(借方余额－贷方余额)＝负债权益收入总计(贷方余额－借方余额)；② 全部科目的借方余额之和＝全部科目的贷方余额之和

负责人：　　　　　监督小组长：　　　　　会计：　　　　　出纳：

二、收支明细表

(一) 收支明细表的表样

收支明细表的表样如表 6-5 所示。

表 6-5　　　　　　　　　　　　　收支明细表

填报单位：　　　　　　　　　　　年　月　日　　　　　　　　　　　　　　　单位：元

项　目	行次	本月数	本年累计数	项　目	行次	本月数	本年累计数
一、经营收入	1			一、经营支出	19		
1. 农产品销售收入	2			1. 销售农产品成本及费用	20		
2. 物资销售收入	3			2. 销售物资成本及费用	21		
3. 租赁收入	4			3. 租赁成本及费用	22		
4. 服务收入	5			4. 提供服务的成本	23		
5. 劳务收入	6			5. 对外提供劳务成本	24		
二、发包及上缴收入	9			二、管理费用	27		
1. 土地承包收入	10			1. 干部报酬	28		
2. 果园承包收入	11			2. 办公费	29		
3. 村办企业上缴利润	12			3. 差旅费	30		
……	13			4. 修理费	31		
三、农业税附加返还收入	14			5. 折旧费	32		
四、补助收入	15			6. 水电费	33		
五、其他收入	16			……			
1. 利息收入	17			三、其他支出	35		
2. 捐赠收入				1. 利息支出	36		
……				……			
六、投资收益							
收入合计	18			支出合计	39		
收支差额			说明：				

村（居）委会（盖章）：　　　　　　　　　　　　　监督小组（盖章）：

负责人：　　　　　　会计：　　　　　　出纳（报账员）：

公布日期：　年 月 日

(二) 收支明细表的编制

（1）收支明细表各项目"本月数"和"本年累计数"，分别根据损益类各账户及所属明细账户的本期发生额和月末余额以及账务处理记录据实填列。

（2）为真实反映本集体经济组织的收支情况，应将各项专款的收支情况作必要的说明，以利于成员（村民）的监督。

三、现金收支明细表和银行存款收支明细表

(一) 现金收支明细表和银行存款收支明细表的表样

现金收支明细表和银行存款收支明细表的表样分别如表6-6和表6-7所示。

表6-6　　　　　　　　现金收支明细表

（　年　月　日）　　　　　第　页（共　页）

填报单位　　　　　　　　　　　　　　　　　　　　　单位：元

年		收支说明	收入数	支出数	结存数	经办人
月	日					
		期初余额				
		本期合计				
		本年累计				

村（居）委会（盖章）：　　　　　　　　　　监督小组（盖章）：

负责人：　　　　　会计：　　　　　　出纳（报账员）：

公布日期：　　年　　月　　日

表 6-7　　　　　　　　　银行收支明细表

(　年　月　日)　　　　　　　第　页(共　页)

填报单位　　　　　　　　　　　　　　　　　　　　　　　单位：元

年		收支说明	收入数	支出数	结存数	经办人
月	日					
		期初余额				
		本期合计				
		本年累计				

村(居)委会(盖章)：　　　　　　　　　　　　　监督小组(盖章)：

负责人：　　　　会计：　　　　　　　　　出纳(报账员)：

公布日期：　年　月　日

(二) 现金收支明细表和银行存款收支明细表的编制

现金收支明细表和银行存款收支明细表的编制有以下两种方法。

(1) 分别取自会计账,根据"现金"科目、"银行存款"科目填报,数据与会计账完全一致,反映的经济活动过程较粗、含糊、综合。

(2) 分别取自于出纳(报账员)的"现金日记账"和"银行存款日记账",可详细真实地反映出村集体经济组织现金、银行存款每一笔的收付情况,非常便于群众阅读、理解与监督。

但无论采用哪一种编制方法,"期初余额""本期合计""本年累计"的数据应完全是一致的,不然,会计与出纳的账就不相符。

每年对村组的应收款项、应付款项、固定资产及固定资产购建情况、集体资产承包租赁及费用收取情况、资源开发利用等群众关心的事项,要组织进行认真清查,并及时公布清查情况,让群众知晓村组集体资金、资产、资源的使用、开发、利用、承包租赁情况,让群众积极参与村务管理,促进农村党风廉政建设,推动基层民主政治进程。

第六节 报表编制综合举例

一、资料

京北村集体经济组织 20×8 年 1 月 1 日有关科目的余额如表 6-8 所示。

表 6-8　　　　　　　　　　科目余额表

编制单位：京北村集体经济组织　　20×8 年 1 月 1 日　　　　　　　　单位：元

科目编号	科目名称	借方余额	科目编号	科目名称	贷方余额
101	现金	2 400	201	短期借款	38 000
102	银行存款	75 500	202	应付款	21 000
111	短期投资	33 000	113	内部往来	24 200
112	应收款	46 000	211	应付工资	13 300
113	内部往来	38 000	212	应付福利费	12 000
121	库存物资	99 000	221	长期借款及应付款	62 000
401	生产成本	25 000	231	一事一议资金	98 000
131	牲畜（禽）资产	68 000			
132	林木资产	76 000	301	资本	200 000
141	长期投资	65 000	311	公积公益金	105 000
151	固定资产	138 000	322	收益分配	93 400
152	累计折旧	−36 000			
154	在建工程	37 000			
	合计	666 900		合计	666 900

该村集体经济组织 20×8 年发生的经济业务如下。

（1）用银行存款支付购入 10 头幼牛和饲养牛的饲料价款，幼牛总价款为 10 000 元，饲料价款为 5 000 元，另以现金支付幼牛和饲料运输费 300 元，饲料已验收入库。

（2）向某市农贸市场销售苹果一批，销售价款为 83 000 元，该批苹果已经运抵该农贸市场,已通过银行划转收到价款 48 000 元,余款尚未收取,该批苹果成本为 59 000 元。

(3) 村集体经济组织将短期投资中的某种股票投资出售,该种投资账面余额 23 000 元,出售所得价款 35 000 元已存入开户银行。

(4) 购入不需要安装的脱粒机一台,价款为 5 800 元,另外支付包装费、运费费等 800 元。全部款项均已用银行存款支付,脱粒机已交付使用。

(5) 村集体经济组织原有的 5 头幼牛成龄转为役牛,5 头幼牛的账面金额为 4 200 元。转为役牛后,发生了如下饲养费用:饲养员从仓库领用的饲料价值为 4 700 元,应支付本村临时饲养员张三的报酬为 1 300 元,尚未支付。另外,饲养本年购入的 10 头幼牛耗用饲料价值为 9 200 元,应支付张三的报酬为 3 500 元,尚未支付。

(6) 村集体经济组织购入柑橘树 50 株,每株 500 元,以银行存款支付,另以现金支付相关税费 500 元,该批柑橘树投产前发生了 6 400 元的培植费用,其中,应付外村管护工人郑二的报酬为 2 600 元,领用了 3 800 元的肥料。投产后,该批柑橘树又发生管护费用 3 650 元,其中应付郑二的报酬为 1 150 元,领用的杀虫剂和肥料价值共 2 500 元。上述应付郑二的报酬尚未支付。

(7) 经社员大会讨论决定,为了建造村文化站,向本村每个农民筹资 20 元,每个男劳动力在建造文化站过程中出工 10 个标准工日。京北村共有农民 750 人、300 个男劳动力。

(8) 用银行存款偿还短期借款 24 000 元,利息 720 元,这部分利息原来未预提。

(9) 收到对京西村砖瓦厂长期投资分配的利润 20 600 元,款项已存入京北村集体经济组织开户银行。

(10) 向农户筹集建造文化站的资金已收讫并送存开户银行。建造工作当即开始,购入工程物资一批用于建造文化站,价款为 10 250 元,已用银行存款支付。

(11) 在建造文化站发生的劳务投入中,动用了社员大会通过的一事一议筹集的劳动力,即全村每个男劳动力 10 个标准工日,当地类似劳动力每个标准工日价格为 10 元;另外,还以银行存款支付了从京西村聘用的人员报酬 2 750 元。

(12) 文化站已完工交付使用,按照建造过程中的实际成本转入固定资产。

(13) 向京西村出售不需用的收割机一台,收到价款 3 750 元,该收割机原价为 5 790 元,已提折旧 2 830 元;同时,由于京西村运货卡车撞死了京北村集体经济组织的 2 头幼牛,按规定程序批准后,京西村应赔偿 3 200 元,该 2 头幼牛账面金额为 2 650 元。收割机已运送到京西村,收割机价款和赔偿款已收讫并送存银行。

(14) 分配应支付的农业生产固定社员及村干部工资 17 200(不包括在建工程应负担的工资),其中,直接从事农业生产的社员工资为 9 800 元,村干部工资为 7 400 元。

(15) 提取现金 27 200 元准备发放工资,并支付工资。

(16) 收到向市农贸市场销售苹果的余款 35 000 元。

(17) 农业生产领用种子和肥料,价值为 7 600 元。

(18) 计提固定资产折旧 9 500 元,其中,属于农业生产用固定资产应当负担的为 6 700 元,属于村管理用固定资产应当负担的为 1 500 元,属于村小学应当负担的为 1 300 元。

(19) 摊销产役畜成本 3 600 元,摊销投产后经济林木成本 4 400 元。

(20) 计提借款利息共 7 800 元,其中,短期借款利息为 3 400 元,长期借款利息为 4 400 元。

(21) 计算并结转本期入库的农产品成本 34 500 元(假定生产费用已经在各种农产品之间进行了分配,期末没有在产品)。

(22) 京北村集体经济组织向某面粉厂销售小麦一批,价款为 26 400 元,款项已收讫并送存开户银行。该批小麦的成本为 19 200

元,京北村以现金支付了运输费 1 500 元。

(23) 收到本村农户上交的果园承包金 9 000 元和村办水泥厂上缴的利润 8 500 元,款项已送交银行。此外,经社员代表大会讨论,尚有本年应收未收的农户承包养殖场承包金 3 000 元。

(24) 收到乡税收所通过银行划转的农业税附加返还款项 23 000 元。

(25) 收到镇财政所通过银行划转的补助资金 43 000 元,用于村级中学的兴建。

(26) 以银行存款支付饲养员张三和柑橘树林管护人员郑二的报酬共 8 550 元。

(27) 仓库盘点发现盘亏一批农药,该批农药账面成本为 1 300 元,本村仓库保管员因看管不力,经规定程序批准后,应当赔偿 500 元,款项尚未支付。但是,对于其余的 800 元损失,尚未批准核销,需要再经过社员大会讨论决定。

(28) 将各收支科目结转至本年收益。

(29) 经社员大会批准,当年提取公积公益金 12 300 元,应付福利费 7 600 元,向外来投资者分配利润 4 500 元,向本村所有农户每户分配 300 元,京北村共有 125 户农民。向外来投资者和农户分配的款项尚未支付。

(30) 将本年收益"各项分配"明细科目的余额转入"未分配收益"明细科目。

二、根据上述资料编制会计分录、资产负债表和收益及收益分配表

1. 根据前述业务编制会计分录

(1) 运输费按照幼畜及育肥畜和饲料的价款比例分配,即计入幼牛成本的运输费为:

$$300 \times 10\ 000 \div (10\ 000 + 5\ 000) = 200(元)$$

计入饲料成本的运输费为：

$$300 \times 5\,000 \div (10\,000 + 5\,000) = 100(元)$$

会计分录如下：

借：牲畜（禽）资产——幼畜及育肥畜	10 200
库存物资——饲料	5 100
贷：银行存款	15 000
现金	300

（2）会计分录如下：

借：银行存款	48 000
应收款	35 000
贷：经营收入	83 000
借：经营支出	59 000
贷：库存物资	59 000

（3）会计分录如下：

借：银行存款	35 000
贷：短期投资——股票投资	23 000
投资收益	12 000

（4）会计分录如下：

借：固定资产(5 800＋800)	6 600
贷：银行存款	6 600

（5）会计分录如下：

借：牲畜（禽）资产——产役畜	4 200
贷：牲畜（禽）资产——幼畜及育肥畜	4 200
借：经营支出——产役畜饲养费	6 000
贷：库存物资	4 700
内部往来——张三	1 300

借：牲畜(禽)资产——幼畜及育肥畜	12 700	
贷：库存物资		9 200
内部往来——张三		3 500

(6) 会计分录如下：

借：林木资产——经济林木	25 500	
贷：银行存款		25 000
现金		500
借：林木资产——经济林木	6 400	
贷：应付款——郑二		2 600
库存物资		3 800
借：经营支出——经济林木管护费	3 650	
贷：应付款——郑二		1 150
库存物资		2 500

(7) 会计分录如下：

借：内部往来	15 000	
贷：一事一议资金(750×20)		15 000

(8) 会计分录如下：

借：短期借款	24 000	
其他支出	720	
贷：银行存款		24 720

(9) 会计分录如下：

借：银行存款	20 600	
贷：投资收益		20 600

(10) 会计分录如下：

借：银行存款	15 000	
贷：内部往来		15 000

借：在建工程 10 250
　　贷：银行存款 10 250

(11) 在建工程所用劳务的价值为：
$$300 \times 10 \times 10 + 2\,750 = 32\,750(元)$$

会计分录如下：

借：在建工程 32 750
　　贷：公积公益金 30 000
　　　　银行存款 2 750

(12) 文化站的成本为：
$$10\,250 + 32\,750 = 43\,000(元)$$

会计分录如下：

借：固定资产——文化站 43 000
　　贷：在建工程 43 000
借：一事一议资金 10 250
　　贷：公积公益金 10 250

(13) 会计分录如下：

借：固定资产清理 2 960
　　累计折旧 2 830
　　贷：固定资产 5 790
借：银行存款 3 750
　　贷：固定资产清理 3 750

同时，结转固定资产清理收益，会计分录如下：

借：固定资产清理 790
　　贷：其他收入 790
借：银行存款 3 200
　　贷：牲畜(禽)资产——幼畜及育肥畜 2 650
　　　　其他收入 550

（14）会计分录如下：

借：生产（劳务）成本 9 800
　　管理费用 7 400
　贷：应付工资 17 200

（15）会计分录如下：

借：现金 27 200
　贷：银行存款 27 200
借：应付工资 27 200
　贷：现金 27 200

（16）会计分录如下：

借：银行存款 35 000
　贷：应收款 35 000

（17）会计分录如下：

借：生产（劳务）成本 7 600
　贷：库存物资 600

（18）会计分录如下：

借：生产（劳务）成本 6 700
　　管理费用 1 500
　　其他支出 1 300
　贷：累计折旧 9 500

（19）会计分录如下：

借：经营支出——产役畜成本摊销 3 600
　　　　　　——经济林木成本摊销 4 400
　贷：牲畜（禽）资产——产役畜 3 600
　　　林木资产——经济林木 4 400

(20) 会计分录如下：

借：其他支出——利息支出　　　　　　　　　　　　　　7 800
　　贷：应付款　　　　　　　　　　　　　　　　　　　　3 400
　　　　长期借款及应付款　　　　　　　　　　　　　　　4 400

(21) 会计分录如下：

借：库存物资　　　　　　　　　　　　　　　　　　　34 500
　　贷：生产（劳务）成本　　　　　　　　　　　　　　34 500

(22) 会计分录如下：

借：银行存款　　　　　　　　　　　　　　　　　　　26 400
　　贷：经营收入　　　　　　　　　　　　　　　　　　26 400
借：经营支出　　　　　　　　　　　　　　　　　　　19 200
　　贷：库存物资　　　　　　　　　　　　　　　　　　19 200
借：经营支出　　　　　　　　　　　　　　　　　　　 1 500
　　贷：现金　　　　　　　　　　　　　　　　　　　　 1 500

(23) 会计分录如下：

借：银行存款　　　　　　　　　　　　　　　　　　　17 500
　　内部往来　　　　　　　　　　　　　　　　　　　 3 000
　　贷：发包及上交收入　　　　　　　　　　　　　　　20 500

(24) 会计分录如下：

借：银行存款　　　　　　　　　　　　　　　　　　　23 000
　　贷：农业税附加返还收入　　　　　　　　　　　　　23 000

(25) 会计分录如下：

借：银行存款　　　　　　　　　　　　　　　　　　　43 000
　　贷：补助收入　　　　　　　　　　　　　　　　　　43 000

(26) 会计分录如下：

借：内部往来——张三　　　　　　　　　　　　　　　　4 800
　　应付款——郑二　　　　　　　　　　　　　　　　　3 750
　　贷：银行存款　　　　　　　　　　　　　　　　　　　8 550

(27) 会计分录如下：

借：内部往来　　　　　　　　　　　　　　　　　　　　500
　　贷：库存物资——农药　　　　　　　　　　　　　　　500

(28) 会计分录如下：

借：经营收入　　　　　　　　　　　　　　　　　　　109 400
　　发包及上交收入　　　　　　　　　　　　　　　　20 500
　　投资收益　　　　　　　　　　　　　　　　　　　32 600
　　农业税附加返还收入　　　　　　　　　　　　　　23 000
　　补助收入　　　　　　　　　　　　　　　　　　　43 000
　　其他收入　　　　　　　　　　　　　　　　　　　 1 340
　　贷：本年收益　　　　　　　　　　　　　　　　　229 840
借：本年收益　　　　　　　　　　　　　　　　　　　116 070
　　贷：经营支出　　　　　　　　　　　　　　　　　 97 350
　　　　管理费用　　　　　　　　　　　　　　　　　　8 900
　　　　其他支出　　　　　　　　　　　　　　　　　　9 820

(29) 会计分录如下：

借：收益分配——各项分配　　　　　　　　　　　　　61 900
　　贷：公积公益金　　　　　　　　　　　　　　　　12 300
　　　　应付福利费　　　　　　　　　　　　　　　　 7 600
　　　　应付款　　　　　　　　　　　　　　　　　　 4 500
　　　　内部往来　　　　　　　　　　　　　　　　　37 500

(30) 会计分录如下：

借：收益分配——未分配收益　　　　　　　　　　　　61 900
　　贷：收益分配——各项分配　　　　　　　　　　　　61 900
借：本年收益　　　　　　　　　　　　　　　　　　　113 770
　　贷：收益分配——未分配收益　　　　　　　　　　113 770

2. 根据上述会计分录，编制20×8年12月31日的科目余额表

20×8年12月31日的科目余额表如表6-9所示。

表6-9　　　　　　　　　　科目余额表

编制单位：京北村集体经济组织　　20×8年12月31日　　　　　　　　　　单位：元

科目编号	科目名称	借方余额	科目编号	科目名称	贷方余额
101	现金	100	201	短期借款	14 000
102	银行存款	225 880	202	应付款	28 900
111	短期投资	10 000	113	内部往来	61 700
112	应收款	46 000	211	应付工资	3 300
113	内部往来	41 500	212	应付福利费	19 600
121	库存物资	32 100	221	长期借款及应付款	66 400
401	生产成本	14 600	231	一事一议资金	102 750
131	牲畜资产	84 650	301	资本	200 000
132	林木资产	103 500	311	资本公积金	157 550
141	长期投资	65 000	322	收益分配	145 270
151	固定资产	181 810			
152	累计折旧	−42 670			
154	在建工程	37 000			
	合　计	799 470		合　计	799 470

3. 编制20×8年12月31日的资产负债表和20×8年度收益及收益分配表

根据20×8年1月1日和12月31日的科目余额表,编制20×8年12月31日的资产负债表和20×8年度收益及收益分配表,分别如表6-10～表6-12所示。

表6-10　　　　　　　　　　　资产负债表　　　　　　　　　村会01表
编制单位:京北村集体经济组织　　　20×8年12月31日　　　　　单位:元

资产	行次	年初数	年末数	负债及所有者权益	行次	年初数	年末数
流动资产:				流动负债:			
货币资金	1	77 900	225 980	短期借款	35	38 000	14 000
短期投资	2	33 000	10 000	应付款项	36	45 200	90 600
应收款项	5	84 000	87 500	应付工资	37	13 300	3 300
存货	8	124 000	46 700	应付福利费	38	12 000	19 600
流动资产合计	9	318 900	370 180	流动负债合计	41	108 500	127 500
农业资产:				长期负债:			
牲畜(禽)资产	10	68 000	84 650	长期借款及应付款	42	62 000	66 400
林木资产	11	76 000	103 500	一事一议资金	43	98 000	102 750
农业资产合计	15	144 000	188 150	长期负债合计	46	160 000	169 150
长期资产:				负债合计	49	268 500	296 650
长期投资	16	65 000	65 000	所有者权益:			
固定资产				资本	50	200 000	200 000
固定资产原价	19	138 000	181 810	公积公益金	51	105 000	157 550
减:累计折旧	20	36 000	42 670	未分配收益	52	93 400	145 270
固定资产净值	21	102 000	139 140	所有者权益合计	53	398 400	502 820
固定资产清理	22						
在建工程	23	37 000	37 000				
固定资产合计	26	139 000	176 140				
资产总计	32	666 900	799 470	负债和所有者权益总计	56	666 900	799 470

表 6-11　　　　　　　　　　　　资产负债表补充资料　　　　　　　　　　单位：元

项目	金额
无法收回、尚未批准核销的短期投资	
确实无法收回、尚未批准核销的应收款项	
盘亏、毁损和报废、尚未批准核销的存货	
死亡毁损、尚未批准核销的农业资产	
无法收回、尚未批准核销的长期投资	800
盘亏和毁损、尚未批准核销的固定资产	
毁损和报废、尚未批准核销的在建工程	

表 6-12　　　　　　　　　　　　收益及收益分配表　　　　　　　　　　村会 02 表

编制单位：京北村集体经济组织　　　20×8 年度　　　　　　　　　　单位：元

项目	行次	金额	项目	行次	金额
本年收益			收益分配		
一、经营收入	1	109 400	四、本年收益	21	113 770
加：发包及上交收入	2	205 00	加：年初未分配收益	22	93 400
投资收益	3	32 600	其他转入		
减：经营支出	6	97 350	五、可分配收益	23	
管理费用	7	8 900	减：1. 提取公积公益金	26	207 170
二、经营收益	10	56 250	2. 提取应付福利费	27	12 300
加：农业税附加返还收入	11	23 000	3. 外来投资分利	28	
补助收入	12	43 000	4. 农户分配	29	7 600
其他收入	13	1 340	5. 其他		
减：其他支出	16	9 820	六、年末未分配收益	30	4 500
三、本年收益	20	113 770		31	
				35	37 500
					1 452 700

第七章 会计凭证、会计账簿和会计档案

会计凭证是记载经济业务发生、明确经济责任的书面文件,是记账的依据。会计账簿是村集体经济组织记录经济业务的簿籍,是编制会计报表的依据。会计档案是指会计凭证、会计账簿和会计报表等会计核算专业资料,是记录和反映经济业务的重要史料和证据。

会计凭证、会计账簿以及其他会计档案是整个村集体经济组织会计工作的基础,村集体经济组织应按照《中华人民共和国会计法》《会计基础工作规范》《会计档案管理办法》和《村集体经济组织会计制度》的要求,使用会计凭证,建立和登记会计账簿,并严格管理会计档案。在村集体经济组织当前存在的财务问题中,有相当一部分出现在这些环节上。因此,加强会计凭证的填制、会计账簿的登记和会计档案的管理,对提高村集体经济组织会计核算整体水平、加强民主管理和财务公开将起到十分重要的作用。

第一节 会 计 凭 证

按照《会计基础工作规范》和《村集体经济组织会计制度》的定义,会计凭证是记载经济业务发生、明确经济责任的书面文件,是记账的依据。这就是说,会计凭证是记录村集体经济组织各项经济业务发生和完成情况的书面凭证,是明确相关经济责任的书面证据,也是登记会计账簿的依据。《村集体经济组织会计制度》规定,村集体经济组织每发生一项经济业务,都要取得原始凭证,并据以编制记账凭证。

村集体经济组织在处理经济业务时,应严格遵循以下程序。

（1）经济业务发生时，都必须由执行和完成该经济业务的经办人员从单位外部取得或自行填制有关凭证，以书面形式记录和证明所发生经济业务的性质、内容、数量和金额等要素，经办人员应在凭证上注明用途并签字或盖章，以便对经济业务的合法性和凭证的真实性、完整性负责；同时，应由陪同人员或验收人员签署证明意见，证明该项经济业务的真实性。

（2）由村集体经济组织负责人（或其指定的人员，本章内下同）签署审批意见并签字盖章，审核以明确经济责任。

（3）涉及集体财务收支的事项，应交村务监督小组集体审核并签署审核意见，同时由村务监督小组组长签字或盖章，必要时（如重大事项、重大资金支出等）应由村务监督小组全体成员签字或盖章，确认财务事项的合法合规性。

（4）会计人员严格审核并确认无误后，才能作为记账的依据，同时也作为日后按程序实行财务公开、接受群众监督的依据。

由此可见，合法合规地取得、正确地填制和审核会计凭证，是村集体经济组织会计核算的基础工作和起点，村集体经济组织的管理人员和财务人员必须高度重视，严肃对待。

会计凭证按照编制程序和用途的不同，分为原始凭证和记账凭证两类。

原始凭证又称原始单据，主要有收入单据和支出单据，是在经济业务发生或完成时取得或填制的，用以记录或证明经济业务的发生或完成情况的原始凭据，是会计核算的原始资料和重要依据。在实际工作中，收入单据绝大多数是由本单位据实开出的，支出单据绝大多数是由对方单位据实开出的。

记账凭证是会计人员根据审核无误的原始凭证，按照经济业务的内容加以归类，并按会计记账原则和要求据以确定会计分录后所填制的会计凭证，是登记账簿的直接依据。记账凭证又称记账凭单，它是根据复式记账的基本原理，确定应借、应贷的会计科目及其金额，将原始凭证中的一般数据转化为会计语言,是介于原始凭证和账簿之间的环节,起到纽带的作用,是登记明细分类账和总分类账的依据。

一、原始凭证

办理村集体经济组织会计事项,必须取得或填制原始凭证,并在通过审查后及时送交会计机构或人员,以保证会计核算工作得以顺利进行;同时,为保持原始凭证记录的实际情况,对原始凭证不能涂改、挖补,如果发现原始凭证有错误的,应由开出该原始凭证的单位重开或者更正,更正处必须加盖开出单位公章。

按照《会计基础工作规范》和《村集体经济组织会计制度》的规定,原始凭证应符合以下要求。

(1)原始凭证必须具备若干基本要素:凭证的名称;填制凭证的日期;填制凭证单位名称或填制人姓名;经办人员和证明人员的签字或盖章;接受凭证单位名称;经济业务内容、数量、单价和金额。重大的收支事项还应有会议决定或合同,或者上级的文件等资料作为附件说明。

(2)从外单位(含个体工商户)取得的原始凭证,必须加盖填制单位公章。对外开出的原始凭证,必须加盖本单位公章。

这里所说的"公章",是指具有法律效力和特定用途,能够证明单位身份和性质的印鉴,包括业务专用章、财务专用章、发票专用章、结算专用章等。

从个人取得的原始凭证,如无规定格式的,一般应由村集体经济组织按照一定格式统一制作并连续编号,并由出具原始凭证的个人签字或盖章,经村集体经济组织负责人和村务监督小组审核并签字或盖章。

向个人开出的原始凭证,应符合有关规定格式;如无规定格式的,则应由村集体经济组织按照一定格式统一制作并连续编号,由经济业务的经办人签字或盖章,经村集体经济组织负责人和村务监督小组审核并签字或盖章。

从个人处取得的原始凭证和向个人开出的原始凭证,如果出现填制错误,应由经办的会计人员在该凭证上注明作废并签字或盖章,同时在备查簿上登记,以便村民和村务监督小组检查。

在实际工作中,有些单位存在"白条"问题。必须强调的是,用"白条"充当原始凭证是不符合《村集体经济组织会计制度》和《会计基础工作规范》要求的,应禁止使用"白条"。

(3) 购买实物的原始凭证,必须有验收证明。这样要求是为了明确经济责任,保证账物相符。实物的验收工作由经管实物的人负责办理,会计通过有关的原始凭证进行监督检查。需要入库的实物,由实物经管人员开具入库单或验收单;不需办理入库的、随即领用的或金额较小只有保管登记而无专门入库单的实物,必须由实物经管人员或领用人员验收购买实物并在原始凭证上签字或盖章。总之,处理此类凭证的基本原则是,必须由购买人之外的第三者验收核实后,会计人员才能据以入账。

(4) 支付款项的原始凭证,必须有收款单位和收款人的收款证明(应签字或盖章),而不能用其他与支付该款项有关的凭证(例如银行汇款凭证、邮政汇款凭证)来代替,这些凭证只能作为支付款项说明的附件。在支付款项的原始凭证上,除了具体经办人的签字或盖章之外,必须经村集体经济组织负责人和村务监督小组审核并签字或盖章。如属于村集体经济组织自制凭证的情况,还必须按照统一格式进行连续编号。

(5) 收取款项的原始凭证,必须有付款单位和付款人的付款证明(应签字或盖章),而不能以汇款凭证等单据来代替。在收款原始凭证上,除了具体经办人的签字或盖章之外,必须有代表村集体经济组织进行审核的人员的签字或盖章。如属于村集体经济组织自制凭证的情况,还必须符合按照统一格式进行连续编号的要求。

(6) 村集体经济组织工作人员因公借款的凭据,应将标有借款人签章的借款事项说明、单位负责人的审批意见等一起附在记账凭证之后。收回借款时,应另开收据或退回借款凭据副本,不得退还原借款凭据。因为借款和还款虽然存在联系,但却是两笔不同的经济业务,在发生时要分别反映在会计账目中。因此,借款凭据和还款凭据都是原始凭证,必须按照规定保留,否则将导致会计资料的缺失。

(7)经上级有关部门批准的经济业务,应将批准文件作为原始凭证附件。如果批准文件需要单独归档的,应在凭证上注明批准机关名称、日期和文号,以及村集体经济组织据以办理业务的批准文件的保存地点或有关归档编号,以便确认经济业务的审批情况和查阅。对于这种情况,有条件的村集体经济组织可将批准文件的复印件作为原始凭证或附件。

在实际工作中,出纳人员对原始凭证的编号应按取得时间的先后顺序在原始凭证的右上角居中位置,用铅笔按月或按年顺序进行编号,编号用圈圈起来,并记录在日记账中。会计人员对原始凭证进行整理后,在出记账凭证时,用记账笔在原始凭证的右上角居上位置进行顺序编号,以明确每一张记账凭证后所附着的原始凭证的张数。

二、记账凭证

记账凭证是用来确定经济业务性质和分类的一种凭证,是会计分录的体现。村集体经济组织会计人员必须根据审核无误的原始凭证填制记账凭证。村集体经济组织的记账凭证按其反映的经济内容的不同,可以分为收款凭证、付款凭证和转账凭证。收款凭证是指用于记录现金和银行存款收款业务的记账凭证。付款凭证是指用于记录现金和银行存款付款业务的记账凭证。转账凭证是指用于记录不涉及现金和银行存款业务的记账凭证。这主要由村集体经济组织或有关管理部门根据村集体经济组织会计业务量的多少和会计人员的习惯确定。

如果村集体经济组织经济业务较简单、规模较小、收付款业务较少,还可以采用通用记账凭证来记录所有的经济业务。这时的记账凭证不再区分收款、付款和转账业务,而是将所有经济业务统一编号,在同一格式的凭证中进行记录。

根据《会计基础工作规范》和《村集体经济组织会计制度》的规定,对记账凭证的基本要求主要有以下几项。

(1) 记账凭证必须具备下列内容:填制凭证的日期;凭证编号;经济业务摘要;会计科目;金额;所附原始凭证张数;凭证填制人员、审核人员签字或盖章。如果另行设置记账人员,则还应包括记账人员签字或盖章。审核人员一般应包括凭证稽核人员和会计机构负责人;对不具备条件的村集体经济组织,审核人员应该是凭证填制人员、记账人员之外的其他会计人员或村集体经济组织负责人。

此外,收款凭证和付款凭证还应由出纳人员签字或盖章。在实际工作中,部分不具备条件的村集体经济组织可能以自制的原始凭证(如发放临时雇用村集体经济组织成员完成某项工作的报酬的发放单)直接作为记账凭证,在这种情况下,该自制原始凭证必须具备记账凭证的上述内容。

记账凭证填制的关键是填制人员和审核人员的分离以及相关工作的分离和相互牵制。所有的记账凭证必须经由编制者以外的人员代表村集体经济组织进行审核。无论村集体经济组织的具体情况如何,都必须坚持这一基本原则。村集体经济组织应严格依照《会计基础工作规范》的要求填制记账凭证。

(2) 填制记账凭证时,应对记账凭证进行连续编号。其目的是分清会计事项处理的先后顺序,便于记账凭证与会计账簿核对,确保记账凭证完整无缺。编号时应按月顺序进行,即每月从第一号编起,顺序编至月末。一笔经济业务需要填制两张或两张以上凭证的,可采用分数编号法,如在 1 号会计事项需要填制 3 张记账凭证时,即可编为 $1\frac{1}{3}$ 号、$1\frac{2}{3}$ 号或 $1\frac{3}{3}$ 号。

(3) 记账凭证可根据每一张原始凭证填列,或根据若干同类原始凭证汇总填制,也可根据原始凭证汇总表填制。但不得将不同内容和类别的原始凭证汇总填制在一张记账凭证上,否则经济业务的具体内容不清楚,难以填写记账凭证中的摘要部分,各会计科目下的金额也因为没有明确的对应关系而无法反映经济业务的来龙去脉。

(4) 除结账和某些更正错误的记账凭证可以不附原始凭证之外,其他记账凭证都必须附有原始凭证作为附件,并注明所附原始凭证的张数。凡是与记账凭证中的经济业务记录有关的所有证据,都应作为原始凭证的附件。对于报销差旅费等零散票券,可以贴在一张纸上,作为一份附件。如果一张原始凭证涉及几张记账凭证的,可将原始凭证附在所涉记账凭证的第一张记账凭证后,并在其他相关记账凭证上注明附有该原始凭证的记账凭证的编号,有条件的村集体经济组织也可在这些记账凭证后都附上该原始凭证的复印件。

(5) 记账凭证的改错方法。

如果在填制记账凭证时发生错误,应重新填制。如果是已登记入账的记账凭证在当年内发现错误的,可用红字更正法。具体来说,其适用的情况是记账所依据的记账凭证中应借、应贷的方向、科目或金额有错误,导致账簿记录错误。红字更正法的具体做法是,首先用红字(只限金额用红字,其他项目用蓝字)填制一张与原错误凭证完全相同的记账凭证,在摘要中注明注销××××年××月××日××号凭证,并用红字(金额)登记以冲销原来的账簿记录(在实际工作中,也可填制一张与原错误记账凭证科目和金额相同但借贷方向相反的记账凭证,在摘要中注明冲销××××年××月××日××号凭证,对原记账凭证进行冲销);然后再用蓝字填制一张正确的记账凭证,在摘要中注明注销的××××年××月××日××号凭证,并据以登记入账。

如果会计科目和方向没有错误,只是记账凭证的金额有错误,并且错误金额大于应记的金额,导致账簿记录金额多记,这种情况下编制红字(金额)注销记账凭证将多记金额注销即可,不需填制蓝字更正记账凭证。具体做法是,用红字(金额)填制一张会计科目、借贷方向与原始记账凭证一致,但金额是多记金额的记账凭证(在实际工作中,也可填制一张与原错误记账凭证科目一样,金额为多记金额但借贷方向相反的记账凭证),并在摘要栏注明:注销××××年××月××日××号记账凭证多记金额,并据以记账。

如果会计科目和方向没有错误,只是记账凭证的金额有错误,并且错误金额小于应记的金额,导致账簿记录金额少记,这种情况下可用补充登记法。具体做法是,填制一张会计科目、借贷方向与原始记账凭证一致,但金额是少记金额的记账凭证,并在摘要栏注明补记××××年××月××日××号记账凭证少记金额,并据以记账。

如果发现以前年度记账凭证有错误的,应用蓝字填制一张更正的记账凭证。

冲销和订正的记账凭证后面可不附原始凭证,但是该调整必须由村集体经济组织负责人批准并在该凭证上签字或盖章,并报经村务监督小组审核同意。

三、会计凭证的填制

(一) 凭证填制的基本要求

会计凭证是记账依据,是村集体经济组织会计核算最基础的原始资料。要保证会计核算工作的质量,必须从保证会计凭证的质量做起,正确填制会计凭证。具体来说,凭证的填制应符合以下要求。

(1) 记录要真实。村集体经济组织的会计凭证所载的经济业务内容和数字必须真实可靠,符合实际情况。

(2) 内容要完整。会计凭证所要求填列的项目必须逐项填列齐全,不得遗漏和省略。

(3) 手续要完备。村集体经济组织取得、编制原始凭证、记账凭证的各种手续必须符合国家有关法律、法规以及《村集体经济组织会计制度》的要求,以明确经济责任,确保会计凭证的合法性和真实性。

(4) 编号要连续。各种凭证要连续编号,以便查考。村集体经济组织的自制凭证也必须严格遵循这一规定。写坏作废的连续编号凭证,应注明作废并由经办人员签字或盖章,同时在备查簿上登记,以便村集体经济组织成员和村务监督小组检查。

(5) 不得随意涂改、刮擦、挖补。原始凭证有错误的(即使只有金额错误),应由出具该凭证的单位重开或更正,更正处应加盖出具单位的公章;如果是村集体经济组织自制凭证的情况,应注明作废后重新填制。会计凭证发生错误,不准涂改、挖补、刮擦或者用药水消除字迹,不准重新抄写。在任何情况下都不得在原始凭证上更正金额。

(6) 填制要及时。各种会计凭证要及时填写,并按照规定程序送交其他会计人员或审核人,或者以备村集体经济组织成员和村务监督小组查看。

(7) 填制文字要符合规定。会计凭证是村集体经济组织重要的会计核算资料,因此《会计基础工作规范》对会计凭证的填制文字做出了严格的规定。凭证文字要简要,字迹要清楚、易于辨认。大小写金额必须相符并填写规范,小写金额用阿拉伯数字逐字书写,不得写连笔字。大写金额前要填写"人民币"字样,小写金额前要填写人民币符号"￥","人民币"或"￥"与大写金额或阿拉伯数字之间不得留有空白。金额数字一律填写到角、分。无角、分的,大写金额后填写"整"或"正",小写金额后写"00"或"—"。有角无分的,小写分位写"0"。

(8) 记账凭证填制完经济事项后,如有空行,应当自最后一笔金额数字下的空行处至合计数上的空行处画线注销。目的是阻塞漏洞,严密会计核算手续。

(二) 各种记账凭证的填制

1. 收款凭证的填制

收款凭证左上角的"借方科目"按收款的性质填写"现金"或"银行存款";日期按照填制凭证的日期填写;右上角填写收款凭证的编号;"摘要"填写对所记录的经济业务的简要说明;"贷方科目"填写与收入

现金或银行存款相对应的会计科目;"记账"是指该凭证已登记账簿,防止重复过账或漏记;"金额"是指该项经济业务的发生额;"附件×张"是指该记账凭证所附原始凭证的张数;最下方是有关人员签章。

2. 付款凭证的填制

付款凭证的填制与收款凭证的填制方法基本相同。对于涉及现金或银行存款之间的经济业务,例如将现金存入银行或从银行提取现金,为避免重复记账,一般只编制付款凭证,不编制收款凭证。村集体经济组织的出纳人员应根据会计人员编制的审核无误的收款凭证和付款凭证办理收付款业务。

3. 转账凭证的填制

在填制转账凭证时,应将特定经济业务中所涉及的所有会计科目,按照先借后贷的顺序记入"会计科目"栏中的"一级科目"和"二级及明细科目",并按应借应贷方向,分别记入"借方金额"或"贷方金额"栏。其他项目的填写与收付款凭证相同。

4. 通用凭证的填制

通用凭证的填制方法与转账凭证基本相同,但是在凭证编号上采用按照发生经济业务的先后顺序编号的方法。在实际工作中,可采取先填制与收入款项业务有关的记账凭证,后填制与支出款项业务有关的记账凭证的方式进行。

四、会计凭证的审核

《村集体经济组织会计制度》规定,所有会计凭证都必须按照规定时间和手续送会计人员审核处理。填制有误或不符合要求的会计凭证,应修正或重填。无效、不合法或不符合财务制度规定的凭证,不能作为收付款项、办理财务手续和记账的依据。

(一)原始凭证的审核

为了如实反映经济业务的发生和完成情况,充分发挥村集体经济组织会计的监督作用,保证会计信息真实、完整、准确地反映村集体经济组织的情况,村集体经济组织负责人、村务监督小组和村集体经济组织会计机构、会计人员必须对原始凭证进行严格的审核。

1. 审核原始凭证的真实性

真实性审核包括凭证日期是否真实、业务内容是否真实、数据是否真实等内容的审查。对于外来原始凭证,必须有填制单位的公章和填制人员的签章;对于自制原始凭证,必须有经办部门和经办人员的签字或盖章。此外,对于车票等通用原始凭证,还应审核原始凭证本身的真实性,以防假冒。

2. 审核原始凭证的合法性

审核原始凭证所记录的经济业务是否存在违反国家法律、法规、村集体经济组织有关制度和规定的情况。

3. 审核原始凭证的合理性

审核原始凭证所记录的经济业务是否符合村集体经济组织经营活动的需要、是否符合有关批准程序和预算等。

4. 审核原始凭证的完整性

审核原始凭证各项基本要素是否齐全,是否有遗漏情况,日期是否完整,数字是否清晰,文字是否工整,有关人员签章是否齐全,凭证联次是否正确,等等。

5. 审核原始凭证的正确性

审核原始凭证各项金额的计算及填写是否正确,比如:阿拉伯数字要分位填写,不得连写;小写金额前要标明"￥",大写金额前要加"人民币"字样,大小写金额要相符;对于书写错误的,不能采用涂改、刮擦、挖补等不正确的修正方法。

6. 审核原始凭证的及时性

原始凭证的及时性是保证会计信息及时性的基础。审核原始凭证时应注意审查凭证的填制日期,尤其是支票、银行汇票、银行本票等时效性较强的原始凭证,更应仔细检查其签发日期。

经审核的原始凭证应根据以下不同情况进行处理。

(1) 对于完全符合要求的原始凭证,应及时据以编制记账凭证入账。

(2) 对于真实、合法、合理但内容不够完整、填写有错误的原始凭证,应退回给有关经办人员,由其负责将有关凭证补充完整、更正错误或重开后,再正式办理会计手续。

(3) 对于不真实、不合法的原始凭证,村集体经济组织会计机构或会计人员有权不予接受,并应向村集体经济组织负责人或村务监督小组报告。

(二) 记账凭证的审核

为保证会计信息的质量,在记账之前应由村集体经济组织负责人、村务监督小组成员、村集体经济组织会计机构、会计人员对记账凭证进行严格的审核,具体包括以下审核内容。

1. 内容是否真实

审核记账凭证是否有原始凭证作为依据,所附原始凭证的内容与记账凭证的内容是否一致,记账凭证汇总表的内容与其所依据的记账凭证的内容是否一致等。

2. 项目是否齐全

审核记账凭证各项目的填写是否齐全,如日期、凭证编号、摘要、会计科目、金额、所附原始凭证张数及有关人员签章等。

3. 科目是否正确

审核记账凭证的应借、应贷科目是否正确,是否有明确的账户对应关系,所使用的会计制度是否符合国家统一的会计制度的规定等。

4. 金额是否正确

审核记账凭证所记录的金额与原始凭证有关金额是否一致、计算是否正确,记账凭证汇总表金额与记账凭证的金额合计是否相符等。

5. 书写是否正确

审核记账凭证中的记录是否文字工整、数字清晰,是否按规定进行更正等。此外,村集体经济组织出纳人员在办理收款或付款业务后，应在凭证上注明"现金收讫""现金付讫""转账收讫"或"转账付讫"，以免重收、重付，明确收付资金类别。

五、会计凭证的保管

会计凭证的保管是指会计凭证记账后的整理、装订、归档和存查工作。会计凭证作为记账的依据，是重要的会计档案和经济资料。村集体经济组织内部、村民和村务监督小组以及有关部门和单位，可能因为各种需要而查阅会计凭证。因此，村集体经济组织会计机构或会计人员在完成记账后，必须将会计凭证按照规定的立卷归档制度形成会计档案资料，妥善保管，防止丢失，不得任意销毁，以便日后随时查阅。其具体要求有以下五点。

(1) 会计凭证应定期装订成册，防止散失。村集体经济组织会计机构或会计人员在依据会计凭证记账后，应定期对各种会计凭证进行分类整理，将各种记账凭证按编号顺序，连同所附的原始凭证一起加具封面、封底，装订成册，并在装订线上加贴封签，由装订者在装订线封签处签字或盖章。从外单位取得的原始凭证如果发生遗失，应取得原签发单位盖有公章的证明，并注明所遗失的原始凭证的号码、内容、金额等，同时经由村集体经济组织负责人批准后，才能作为原始凭证。若确实无法取得证明的，如丢失的车票，应由当事人写明详细情况，由村集体经济组织负责人批准后代作原始凭证。

(2) 会计凭证装订封面应注明村集体经济组织名称、凭证种类、凭证张数、起止号数、年度、月份、会计机构主管人员或村集体经济组织负责人、装订人员等有关事项。会计机构主管人员或村集体经济组织负责人应在封面上签字或盖章。

(3) 会计凭证应加贴封条，防止抽换凭证。原始凭证不得外借，其他单位如有特殊原因确实需要使用时，可以复制。向外单位提供的原始凭证复印件，应在专门设置的登记簿上登记，并由提供人员和收取人员共同签字或盖章。

（4）每年装订成册的会计凭证，在年度终了时可暂由村集体经济组织会计机构保管1年，期满后原则上应移交村集体经济组织或村委会的档案管理部门保管。为保管会计档案，村集体经济组织应建立专门的会计档案室（柜），实行统一管理、专人负责，做到完整无缺、存放有序、方便查找。不具备条件的村集体经济组织，可委托乡（镇）经营管理机构等代理记账机构统一管理。上述条件均不具备的村集体经济组织，可在会计机构内部指定人员保管。但无论设置专门会计档案室（柜）的村集体经济组织，还是因不具备条件而在会计机构内部指定专人管理会计档案的村集体经济组织，其出纳人员均不得监管会计档案，以保证货币资金安全。会计档案保管人员在办理工作交接时，应妥善移交装订成册的会计凭证。

（5）严格遵循会计凭证的保管期限要求，期满前不得销毁。具体保管期限见本章第三节内容。

第二节 会计账簿

根据《会计基础工作规范》和《村集体经济组织会计制度》的定义，会计账簿是指由一定格式账页组成的，以会计凭证为依据，全面、系统、连续地记录各项经济业务的簿籍。会计账簿也称会计账册，是全面记录和反映一个单位的经济业务，把大量分散的数据或资料整理归类，逐步加工成有用会计信息的簿籍，是编制会计报表的重要依据。设置并登记会计账簿，是会计工作的重要环节。《中华人民共和国会计法》第三条规定："各单位必须依法设置会计账簿，并保证其真实、完整。"这是对各单位设置会计账簿所做出的基本规定。《会计基础工作规范》第三十六条也规定："各单位应按照《中华人民共和国会计法》和国家统一会计制度的规定建立会计账册，进行会计核算，及时提供合法、真实、准确、完整的会计信息。"《村集体经济组织会计制度》规定，村集体经济组织必须设置现金日记账和银行存款日记账、总分类账和各种明细分类账。

一、会计账簿的设置和启用

村集体经济组织应按照国家统一的会计制度规定和本单位会计业务的需要设置会计账簿。一般情况下,村集体经济组织必须设置的账簿包括总分类账、各种必要的明细分类账、现金日记账和银行存款日记账。对于不能在日记账和分类账中记录的,而又需要查考的经济事项,村集体经济组织必须另设备查账簿(辅助性账簿、卡片或台账)进行登记和说明。

(一) 会计账簿的设置

1. 总分类账的设置

分类账是对村集体经济组织的全部经济业务按照会计要素的具体类别而设置的分类账户进行登记的账簿。按照总分类账户分类登记经济业务的是总分类账,简称总账。关于总账的具体形式,《会计基础工作规范》未做统一规定,在实际工作中,村集体经济组织可采用三栏式订本账或活页账,也可采用具有期初余额、本期发生额和期末余额的科目汇总表代替总账,但只有本期发生额的科目汇总表不能代替总账。村集体经济组织可根据实际情况自行选择总账的具体形式,但应事先报请村务监督小组批准,并报乡级农村经营管理部门备案。

订本账是在启用之前就将所有账页装订在一起、并对账页连续编号的账簿。其优点是能避免账页散失、防止抽换账页,缺点是不能准确地为各账户预留账页。

活页账是在账簿登记完毕之前(通常是一个会计年度结束前),并不固定装订在一起,而是装在活页账夹中的账簿。登记完毕后,才予以装订、加具封面,并给各账页连续编号。其优点是可根据实际需要随时增减空白账页,缺点是如果管理不善可能造成账页散失或故意抽换账页。

2. 明细分类账的设置

按照明细分类账户分类登记经济业务的账簿是明细分类账,简称明细账。明细账的形式比较灵活,可采用订本账、活页账,三栏式、多栏式等,对于固定资产明细账还可采用卡片账或台账。

3. 日记账的设置

日记账又称序时账,是按照经济业务的发生或完成时间的先后顺序,逐日逐笔进行登记的账簿。用来记录某一类型经济业务的日记账称为特种日记账。《村集体经济组织会计制度》规定设置的现金日记账和银行存款日记账就属于特种日记账。现金日记账和银行存款日记账一律采用订本账,以提高现金和银行存款收付及结存的账簿记录的准确性和可靠性。

4. 辅助性账簿的设置

除了《村集体经济组织会计制度》规定必须设置的账簿之外,村集体经济组织往往还需要根据实际情况设置辅助性账簿,也称备查账簿,简称备查簿。辅助性账簿是对某些在日记账和分类账中都不登记或登记不够详细的经济业务进行补充登记时使用的账簿。例如,租入固定资产备查簿,应收票据贴现备查簿。辅助性账簿的登记可能不需要记账凭证、甚至不需要原始凭证,但应标明登记内容的出处或依据。

(二) 会计账簿的启用

启用新会计账簿时,应在账簿封面写明单位名称和账簿名称,并填写账簿扉页的启用表,注明启用日期、账簿起止页数(活页式账簿可于账簿装订时填写起止页数)、记账人员和村集体经济组织会计机构负责人,并加盖名章和单位公章。当记账人员和会计机构负责人发生变动时,也要在启用表上注明交接日期、接办人员和监交人员姓名,并由交接双方签字或盖章。这样做是为了明确有关人员的责任,维护会计记录的严肃性。

二、会计账簿的登记

村集体经济组织会计人员应根据审核无误的会计凭证登记会计账簿。一般来说,总账的登记时间或频率应由村集体经济组织按照实际情况自行决定。各种明细账要根据原始凭证、原始凭证汇总表每天或定期(3天到5天)登记一次。现金日记账和银行存款日记账应根据办理完毕的收付款凭证随时逐笔进行登记。在实际工作中,对于现金日记账和银行存款日记账,出纳员应于当天下班前登记完毕并结出余额。

根据《会计基础工作规范》,对于村集体经济组织会计机构或会计人员登记账簿有如下具体要求。

(1) 登记会计账簿时,应将会计凭证的日期、编号、业务内容摘要、金额和其他相关资料逐项记入账内。登记完毕后,记账人员应在记账凭证上签字或盖章,并加注已过账的符号(如打"√"等)。

(2) 各种账簿要按页次顺序连续登记,不得跳行、隔页。除制度允许用红色墨水记账的情况外,登记账簿要用蓝色墨水或碳素墨水书写,不得用圆珠笔或铅笔书写。账簿中书写的文字和数字一般应占格距的二分之一,以便留有改错的空间。如无意发生隔页、跳行现象,应在空页、空行处用红色墨水画对角线注销,并注明"此页空白"或"此行空白",并由记账人员、会计机构负责人(会计主管人员)或村集体经济组织负责人签字或盖章。

(3) 凡需结出余额的账户,应定期结出余额。现金日记账和银行存款日记账必须每天结出余额。每一账页登记完毕并结转下页时,应结出本页合计数和余额,写在本页最后一行和下页第一行的有关栏内,并在摘要栏内注明"过次页"和"承前页"字样。

三、会计账簿的错误更正

如果会计账簿记录发生错误,不允许用涂改、刮擦、挖补、药水消除等手段更正错误,也不允许重抄,而应当根据情况,按照规定采用画线更正法等进行更正;如果由于记账凭证错误而使账簿记录发生错误,应当首先采用规定方法更正记账凭证,然后再按照更正的记账凭证登记账簿。具体来说,错账更正方法主要有以下几种。

(一) 画线更正法

画线更正法,是指用画线来更正错账的方法。这种方法适用于记账后、结账前,如果发现账簿记录有错误,而记账凭证无错误,即纯属笔误造成过账时文字或数字出现的错误,应用画线更正法进行更正。

具体做法是,先将错误的文字或数字全部划一条红线予以注销,然后在画线上方填写正确的记录;更正后,经办人员应在画线的一端盖章以明确责任。在画线更正时应注意以下问题:在画线时,如果是文字错误,可只划错误部分;如果是数字错误,应将全部数字划销,不得只划错误数字。画线时必须注意使原来的错误字迹仍可辨认。

(二) 红字更正法

如果记账后发现记账凭证有错误,可采用红字更正法,具体分为以下两种情况。

1. 记账凭证中的应借、应贷会计科目有错误

记账后发现记账凭证中的应借、应贷会计科目有错误,从而造成记账错误。此时,更正的方法是将错就错、正确补正:先用红字(金额)填制一张与原记账凭证完全相同的记账凭证,在摘要中注明"注销××××年××月××日××号凭证",以示注销原记账凭证,并用红字(金额)登记入账,以冲销原来的账簿记录,然后再用蓝字填制一张正确的记账凭证,在摘要中注明"正确的××××年××月××日××号凭证",并据以登记入账。

【例7-1】 3月1日,村集体经济组织用银行存款20 000元购置一项不需安装的设备,应作为固定资产核算,但当时由于经办人员不熟悉情况,会计人员误作为在建工程核算,会计分录为:

借:在建工程　　　　　　　　　　　　　　　20 000
　　贷:银行存款　　　　　　　　　　　　　　20 000

当年9月1日,会计人员在审核相关业务时发现该错误,经村集

体经济组织负责人批准并经村务监督小组同意,用红字更正法进行更正。首先,用红字注销原记账凭证,编制红字会计分录为:

借:在建工程　　　　　　　　　　　　　　　　20 000
　　贷:银行存款　　　　　　　　　　　　　　　　　20 000

新编红字记账凭证的摘要栏中注明"注销××××年3月1日银付×号凭证"。然后,用蓝字编制正确的记账凭证并记账:

借:固定资产　　　　　　　　　　　　　　　　20 000
　　贷:银行存款　　　　　　　　　　　　　　　　　20 000

新编蓝字记账凭证的摘要栏中注明:"正确的××××年3月1日银付×号凭证"。在实际工作中,可将原记账凭证所附的原始资料复印后附在新的记账凭证后面。

2. 记账金额大于应记金额

记账后发现记账凭证和账簿记录中应借、应贷会计科目无误,只是所记金额大于应记金额。此时,更正的方法是红字冲多:按照多记金额用红字编制一张与原记账凭证应借、应贷科目完全相同的记账凭证,在摘要中注明"注销××××年××月××日××号凭证多记金额",用以冲销多记的金额,并据以用红字(金额)记账。

【例7-2】 20×8年3月1日,村集体经济组织用银行存款20 000元购置一项不需安装的设备,当时由于会计人员笔误多记了固定资产成本5 000元,会计分录为:

借:固定资产　　　　　　　　　　　　　　　　25 000
　　贷:银行存款　　　　　　　　　　　　　　　　　25 000

当年9月1日,会计人员在审核相关业务时发现该错误,经村集体经济组织负责人批准并经村务监督小组同意,用红字更正法进行更正。用红字冲销原记账凭证多记金额,会计分录为:

借：固定资产　　　　　　　　　　　　　　　　5 000
　　贷：银行存款　　　　　　　　　　　　　　　　　5 000

新编红字记账凭证的摘要栏中注明"注销××××年3月1日银付×号凭证多记金额"。

(三) 补充登记法

记账后发现记账凭证和账簿记录中应借、应贷科目无误，只是所记金额小于应记金额。此时，更正的方法是，按照少记的金额编制一张与原记账凭证应借、应贷科目完全相同的记账凭证，在摘要中注明"补记××××年××月××日××号记账凭证少记金额"，并据以记账。

【例7-3】　3月1日，村集体经济组织用银行存款20 000元购置一项不需安装的设备，当时由于会计人员笔误，少记了固定资产成本5 000元，会计分录为：

借：固定资产　　　　　　　　　　　　　　　　15 000
　　贷：银行存款　　　　　　　　　　　　　　　　　15 000

当年9月1日，会计人员在审核相关业务时发现该错误，经村集体经济组织负责人批准并经村务监督小组同意，用补充登记法进行更正。会计分录为：

借：固定资产　　　　　　　　　　　　　　　　5 000
　　贷：银行存款　　　　　　　　　　　　　　　　　5 000

新编记账凭证的摘要栏中注明"补记××××年3月1日银付×号凭证少记金额"。

(四) 反向冲正法

反向冲正法方法是对红字更正法的一种补充，在实际工作中更易接受。

若记账后发现记账凭证中的应借、应贷会计科目有错误，从而造成记账错误的,可用蓝字填制一张与原记账凭证科目和金额相同、但借贷方向相反的记账凭证,冲销原记账凭证所记金额,在摘要中注明"冲销××××年××月××日××号凭证",以示冲销原记账凭证,然后再用蓝字填制一张正确的记账凭证,在摘要中注明"正确的××××年××月××日××号凭证",并据以登记入账。

若记账后发现记账凭证和账簿记录中应借、应贷会计科目无误,只是所记金额大于应记金额。可按照多记金额用蓝字编制一张与原记账凭证应借、应贷科目相反的记账凭证,在摘要中注明"冲销××××年××月××日××号凭证多记金额",用以冲销多记的金额,并据以记账。

四、会计账簿的对账和结账

(一) 对账

对账就是核对账目。会计核算要求账簿登记清晰、准确,但在实际工作中,由于种种原因,账目难免出现错漏,因此需要经常进行对账,即将会计账簿记录的有关数字与库存实物、货币资金、有价证券、往来单位或者个人进行相互核对,保证账证相符、账账相符、账实相符。按照《会计基础工作规范》的规定,村集体经济组织的对账工作至少每年进行一次。

1. 账证核对

账簿是根据经审核的会计凭证登记的,但在实际工作中仍然可能发生账证不符的情况。因此,记账后要将账簿记录与会计凭证进行核对,做到账证相符。

2. 账账核对

村集体经济组织的各种账簿是一个有机整体,如出纳员记的现金日记账、银行存款日记账、应收应付款项备查账与会计人员记的总账、明细账、各种卡片、台账等,既有分工,又有衔接,总的目的就是为了全面、系统、综合地反映村集体经济组织的经济活动和财务收支情况。

各种账簿之间的这种关系就是勾稽关系。利用这种关系,可以通过账簿的相互核对发现记账工作是否有误。一旦发现错误,就应立即更正,做到账账相符。

3. 账实核对

账实核对是指各项资产物资、债权、债务等账面余额与实有数额之间的核对,核对的内容主要包括:①现金日记账账面余额与库存现金数额是否相符;②银行存款日记账账面余额与银行对账单(银行实有存款)的余额是否相符;③各项财产物资明细账余额与财产物资的实有数额是否相符;④有关债权债务明细账账面余额与对方单位的账面记录是否相符。

(二) 结账

结账是在将本期内所发生的全部经济业务登记入账的基础上,按照规定的方法对该期内的账簿记录进行小结,结算出本期发生额合计和余额,并将其余额结转下期或转入新账。为了准确反映一定时期内在账簿记录中已经记录的经济业务,总结有关经济业务活动和财务状况,编制财务报表,村集体经济组织必须在会计期末进行结账,不得提前结账,也不得拖后结账。

结账的内容通常包括两个方面:①结清各种损益类账户,并据以计算确定本期收益;②结清各资产、负债和所有者权益账户,分别结出本期发生额合计和余额。

1. 结账的程序

结账的一般程序如下。

(1) 将本期发生的经济业务全部登记入账,并保证其正确性。

(2) 根据权责发生制的要求,调整有关账项,合理确定本期应计的收入和应计的费用。

(3) 将损益类科目转入"本年收益"科目,结平所有损益类科目。

(4) 结算出资产、负债和所有者权益类科目的本期发生额和余额,并结转下期。

2. 结账的方法

结账时应根据不同的账户记录采用不同的方法。

(1) 对不需要按月结计本期发生额的账户，如各项应收应付款项明细账和各项财产物资明细账等，每次记账后，都要随时结出余额，每月最后一笔余额即为月末余额。也就是说，月末余额就是本月最后一笔经济业务记录的同一行内的余额。月末结账时，只需在最后一笔经济业务记录之下通栏划红单线，不需要再结计一次余额。画线的目的是为了突出有关数字，表示本期的会计记录已经截止或结束，并将本期与下期的记录明显分开。

(2) 现金日记账、银行存款日记账和需要按月结计发生额的收入、费用等明细账，在每月结账时，要在最后一笔经济业务记录下面划红单线，结出本月发生额和余额，在摘要栏内注明"本月合计"字样，在其下面再通栏划红单线。

(3) 需要结计本年累计发生额的某些明细账户，在每月结账时，应在"本月合计"行下结出自年初起至本月末止的累计发生额，登记在月份发生额的下面，在摘要栏内注明"本年累计"字样，并在下面再通栏划红单线。十二月末的"本年累计"就是全年累计发生额，全年累计发生额下面通栏划红双线，表示全年账务记录已全部截止或结束（下同）。

(4) 总账账户平时只结出月末余额。在年终结账时，要将所有总账账户结出全年发生额和年末余额，在摘要栏内注明"本年合计"字样，并在合计数下通栏划红双线。

(5) 在年终结账时，有余额的账户要将其余额结转下年，具体方法是将有余额的账户的余额直接记入新账余额栏内，而不需要编制记账凭证，也不必将余额再记入本年账户的借方或贷方，使本年有余额的账户的余额变为零。在实际工作中，可在摘要栏内注明"结转下年"，平行同向同金额登记好余额，且在下面划通栏单红线；下年账簿整理齐全后，在相应账户的第一行摘要栏内注明"上年结转"，并同向同金额记入余额栏内，作为下年该账户（科目）的期初数。

（6）村集体经济组织的总账、日记账一般每年应更换一次。部分使用频率不高的明细账可跨年度使用，不必年年更换。辅助性账簿（卡片、台账等）也可连续使用。

第三节 会计档案

会计档案是指单位在进行会计核算等过程中接收或形成的，记录和反映单位经济业务事项的，具有保存价值的文字、图表等各种形式的会计资料，包括通过计算机等电子设备形成、传输和存储的电子会计档案。村集体经济组织的会计档案主要包括会计凭证、会计账簿和会计报表、资金审批表、工程项目建设整套资料、财务公开等会计核算与财务管理的专业与专项资料，是记录和反映经济业务的重要史料和证据。按照《村集体经济组织会计制度》的规定，村集体经济组织的会计档案包括农业承包合同及其他经济合同或协议，各项财务计划及收益分配方案，各种会计凭证、会计账簿和会计报表、会计人员交接清单、会计档案销毁清单等。

村集体经济组织的会计资料，是其主要的经济档案和历史资料，是总结经验、进行决策所需利用的重要资料，也是进行会计检查、审计监督的重要资料，必须加强保管，防止散失，以便日后抽查。会计档案保管工作的基本内容如下。

一、定期整理归类

村集体经济组织会计人员在记账之后，应定期（每天、每旬或每月）对各种会计凭证加以分类整理，将各种记账凭证按照编号顺序，连同所附的原始凭证折叠整齐，加具封面、封底装订成册，并在装订线上加贴封签。在封面上，应写明单位名称、年度、月份、记账凭证的种类、起讫日期、起讫号数，以及记账凭证和原始凭证的张数，并在封签外加盖会计主管的骑缝图章。

对各种重要的原始凭证，以及各种需要随时查阅和退回的单据，应另编目录，单独登记保管，并在有关的记账凭证和原始凭证上相互注明日期和编号。某些记账凭证所附的原始凭证数量过多时，也可以单独装订保管，但应在封面上注明所属记账凭证的日期、编号、种类，同时在有关的记账凭证上注明"附件另订"和原始凭证名称和编号，以便查考。村集体经济组织会计人员在年度终了时，应将已更换的各种活页账簿、卡片账簿以及必要的备查账簿连同账簿使用登记表装订成册，加具封面，统一编号，由有关人员签章后，与订本账簿一起归档保管。

会计报表同会计凭证以及会计账簿一样，都是重要的会计档案。村集体经济组织的会计人员在年度终了时，应将全年编制的会计报表按时间先后顺序整理，装订成册，并加具封面，归档保管。

二、造册归档

每年的会计凭证、账簿、报表都应由村集体经济组织会计机构或会计人员按照归档的要求，负责整理立卷或装订成册。会计档案必须进行科学管理，做到妥善保管、存放有序、查找方便，严格执行安全和保密制度，不得随意堆放，严防毁损、丢失和泄密。

村集体经济组织要加强对会计档案的管理。自行保管会计档案的，必须配备财务（会计）档案室（柜），实行专人负责，统一管理会计档案。一般由村主管会计负责会计档案的整理、立卷、保管、调阅和销毁工作。原生产队撤销以后的会计档案，要认真清理，交村统一管理。不具备条件的村集体经济组织，可将其财务档案委托乡（镇）经营管理机构等代理记账机构统一管理。上述条件均不具备的村集体经济组织，可在会计机构内部指定人员保管。但无论设置专门会计档案室（柜）自行保管会计档案的村集体经济组织，还是因不具备条件而在会计机构内部指定专人管理会计档案的村集体经济组织，其出纳人员均不得监管会计档案，以保证货币资金安全。会计档案不得由私人保管。

三、制定使用及借阅手续

村集体经济组织对会计档案必须进行科学管理,做到妥善保管、存放有序、查找方便,并积极为本单位提供利用。调阅会计档案应有一定的手续,村集体经济组织应设置"会计档案调阅登记簿",详细登记调阅日期、调阅人、调阅理由、归还日期等。本单位人员调阅会计档案,需经会计主管人员同意。外单位人员调阅会计档案,要有正式介绍信,经村集体经济组织负责人批准。向外单位提供会计档案时,档案原件原则上不得借出。如有特殊需要,须报经村务监督小组同意,并应限期归还。遇特殊情况需要影印复制会计档案的,必须经过村集体经济组织负责人批准,并在"会计档案调阅登记簿"上详细记录会计档案影印复制的情况。

四、严格遵守保管期限和销毁手续

根据《会计档案管理办法》的规定,各种会计档案的保管期限,根据其特点,分为永久、定期两类。村集体经济组织会计档案的保管年限,可以参照企业会计档案保管期限确定,具体期限如表7-1所示。

表7-1　　　　村集体经济组织会计档案保管期限表

序号	档案名称	保管期限	备注
一	会计凭证		
1	原始凭证	30年	
2	记账凭证	30年	
二	会计账簿		
3	总账	30年	包括日记总账
4	明细账	30年	
5	日记账	30年	包括现金和银行存款日记账
6	固定资产卡片		固定资产报废清理后保管5年
7	其他辅助性账簿	30年	

(续表)

序号	档案名称	保管期限	备注
三	**财务会计报告**		
8	月度、季度、半年度财务会计报告	10年	包括会计报表及文字分析说明
9	年度财务会计报告	永久	包括会计报表及文字分析说明
四	**其他会计资料**		
10	银行存款余额调节表	10年	
11	银行对账单	10年	应单独装订,保管期限可延长
12	纳税申报表	10年	
13	会计档案移交清册	30年	
14	会计档案保管清册	永久	
15	会计档案销毁清册	永久	
16	会计档案鉴定意见书	永久	

会计档案保管期满需要销毁时,应严格执行《会计档案管理办法》的规定,任何人不得随意销毁。各种会计档案保存期满需要销毁时,应编制"会计档案销毁清单",通知民主理财小组并报县主管部门批准后,由乡、村两级分别指派专人逐项清点核对,监督销毁,由监督人在"会计档案销毁清单"上盖章证明,并将清单归档。民主理财小组对准备销毁会计档案有不同意见的,应暂缓销毁。

第四节 会计电算化

一、会计电算化的作用

会计电算化是指在会计工作中应用计算机技术替代人工进行记账、算账、报账以及对会计信息进行分析和利用的活动。会计电算化作为管理信息系统的子系统,是计算机技术、信息技术和现代会计技术相结合的产物。农村会计电算化的作用主要表现在以下几个方面。

(一)保证会计核算的及时性

会计电算化保证了村集体经济组织会计核算的及时性。实行会计电算化后,大量的会计信息可以得到及时、准确地输出,既可以根据需要按年、季、月提供丰富的核算信息和分析信息,也可以按日、时、分提供实时核算和分析信息。

(二) 实现传统管理方式向科学管理方式转变

随着农村会计电算化的推进,农村传统的管理方式逐步被先进、科学的管理方式所代替。采用计算机进行农村会计核算,计算精度高、速度快,按程序自行完成各项数据的计算与记录,只要输入数据是正确的,很少引起错误,改变了过去靠一个算盘、一支笔、一本账簿记账,核算起来速度慢、出错多的状况。现在只需按一按键盘就能自动记账、自动汇总、自动生成各种报表,达到准确、快速、安全的目的。在有条件的地方,村集体经济组织实现会计电算化之后,也带动了村集体经济组织整体管理方法的现代化和管理水平的提高。采用网络版核算的,还可起到网络监督的作用。

(三) 规范农村财务管理,提高管理和会计工作效率

在实行会计电算化的地方,农村财务管理不够规范的现象得到一定改善:一是对会计人员的综合素质也提出了更高要求,会计人员不仅要懂得财务,会核算,还必须要懂得电脑的基本知识,会操作;二是数据输入要求规范化;三是处理过程自动规范化。同时,应用电脑软件对各项业务工作的操作人员规定了操作权限,管理者和会计人员必须按照规范的操作流程来完成每一项工作,从而使办事程序规范化。此外,电算化还有利于规范管理行为。实行电算化管理后,由于各项经济管理事务都要通过电脑反映出来,电脑软件要求管理者建立合理的人员分工责任制和相互牵制制度,从而有效地遏制了管理者的越权行为。

实现会计电算化以后,大量的数据计算和处理工作都由计算机完成,会计人员可以从繁杂、单调的事务中解脱出来,既减轻了劳动强度,又提高了工作效率,从而有更多的时间和精力从事对生产经营活动的预测、控制等管理活动,及时了解经济动态和工作情况。在有条件的地方,还可以借助网络,把村集体经济组织的有关信息直接传送

给上级主管部门和其他有关单位,并向广大农民群众公布,从而有效地提高了各级管理者经济管理决策的科学性和应变能力。

(四) 增加农村财务管理的透明度,减少干群矛盾

在有条件的地方,实行电算化后,按照规范化的要求生成的财务公开表格,不仅规范地反映了资产状况,还可以方便地供人们检索、查询,使财务公开更及时,更加贴近普通农民群众,提高了财务公开的质量。

二、会计电算化的内容

村集体经济组织的会计电算化工作一般包括三个层次:会计核算电算化、会计管理电算化和会计决策电算化。

(一) 会计核算电算化

会计核算电算化是会计电算化的基础,也是会计电算化的初始阶段。会计核算电算化主要是指在会计核算的各个环节运用计算机进行会计数据的处理,最后自动生成财务会计报表的过程。其主要内容包括:①设置会计科目电算化;②填列会计凭证电算化;③登记会计账簿电算化;④成本费用计算电算化;⑤编制财务会计报表电算化。

(二) 会计管理电算化

会计管理电算化是会计核算电算化的继续和发展,是在会计核算电算化的基础上,利用会计核算提供的信息资料,借助计算机会计管理软件的功能,帮助村集体经济组织会计人员进行资金、成本、收入、费用的管理,是会计电算化的拓宽或提升阶段。其主要环节包括:①进行会计预测;②编制财务、成本计划;③进行会计控制;④开展基于电算化的会计分析。

(三) 会计决策电算化

会计决策电算化是村集体经济组织会计电算化的高级阶段,是利用计算机和会计辅助决策支持软件,根据会计预测所提供的资料,提供决策方案,供管理人员参考。由会计辅助决策支持软件来完成决策工作,充分体现了会计参与预测和决策的职能,是会计电算化的必然发展趋势和应用的深入。

三、会计电算化的实施

（一）有计划地配备及培训会计人员

会计电算化是一项技术性很强的工作，计划实施会计电算化的村集体经济组织必须根据会计电算化的特点设置好相应岗位，配备必需的人员，并进行岗前培训。在实施过程中还必须不断加强培训，提高会计电算化工作人员的知识水平和操作技能。

（二）做好会计基础工作，为会计电算化创造条件

1. 设计会计科目体系及编码

村集体经济组织会计电算化的会计科目体系，一级会计科目应严格按《村集体经济组织会计制度》执行，明细科目则应根据村集体经济组织自身特点和管理要求设置，要能满足编制报表、进行电算化管理和决策的要求，并保持相对稳定。

2. 规范各类凭证、账簿、表格的格式和内容

规范各类凭证、账簿、表格的格式和内容，主要是指可以采用多种格式的要确定一种格式，还可以增加一些特殊信息栏目，如科目代码、数量、单价、外币、汇率、支票号、发票号等，都要事先确定。

3. 规范有关会计核算方法和程序

有些核算方法应适应电算化的特点，以尽可能提供更详细、更准确的会计资料为目标加以改进。会计电算化的程序，如编制凭证、复核、记账、编制报表等，事先都要做合理的规定，以便使会计电算化工作井然有序，顺利推进。

4. 整理手工会计业务数据

村集体经济组织在正式实施会计电算化之前，对原手工核算的会计数据，要认真清理、整理，做到账证相符、账账相符、账实相符、账表相符，避免在实行会计电算化后，因为以前数据的差错造成新的差错，影响电算化工作的顺利开展。

（三）按照因地制宜、循序渐进的原则开展会计电算化工作

实行会计电算化的最初阶段要求人工与计算机同时进行会计数据处理。这个阶段的目的就是验证计算机与手工核算的结果是否一致，只有做到完全一致，才能过渡到计算机替代手工记账。村集体经济组织会计核算的人机并行阶段，时间至少应在三个月以上。

（四）购置计算机及财务软件

村集体经济组织应根据实际需要和财力情况，选择与本单位会计电算化工作相适应的计算机机型、系统软件及有关配套设备。在开展电算化初期，应尽量选择投资少、见效快的通用会计软件，以后逐渐过渡为定点开发或通用与定点开发相结合的方式进行软件开发，使会计软件更适合本单位的实际情况，推动会计电算化工作向更高层次发展。在选择电算化软件时，应选用符合有关制度要求的软件系统。

（五）建立健全会计电算化内部管理制度

为了使会计电算化工作健康开展，应建立健全与此相适应的科学的内部管理制度。这些制度主要包括：①会计电算化岗位责任制；②会计电算化操作管理制度；③计算机硬件、软件和数据管理制度；④电算化会计档案管理制度。

四、会计电算化的特点

与传统手工记账的村集体经济组织会计相比，会计电算化具有以下特点。

（一）会计控制程序化

数据试算平衡、账账核对、职责分工等会计控制制度可以通过计算机程序化步骤自动控制。

（二）会计科目代码化

为了便于计算机识别，快速、准确地分类、处理、存储数据信息，需要用统一编制的标准代码表示各种用文字表述的会计科目名称，既提高了数据处理速度，又实现了数据信息的标准化、规范化。

(三) 会计数据传递介质化

键盘、光盘、屏幕和打印机等外部设备作为传递数据的媒介,将输入的会计数据转变为便于计算机处理的电磁信号,将输出的数据转换为便于识别的各种文字或数字。为保证数据不丢失,实行会计电算化的村集体经济组织每年年终时仍然要将相关会计资料(总账、明细账、报表等)打印并装订存档,同时拷贝两份以上的电子介质存放于两个不同的地方存档(一份可随纸质存放、一份单独存放)。

五、会计电算化的发展

计算机在会计上的应用已取得一定进展,随着农村经济的发展和管理的需要,我国农村会计电算化事业将得到进一步发展。

(一) 大力培养会计电算化人才

在会计电算化人机系统中,人是系统中最重要的部分。在具备条件的地方,要对农村会计人员进行电子计算机操作培训,使他们具备相应的知识和技能。

(二) 从会计核算电算化向会计管理电算化发展

目前,我国农村现有的一些电算化会计信息系统,还主要是用计算机代替传统的手工记账、算账、报账,还是处于事后核算阶段,相当一部分会计管理工作还没有采用计算机管理。发展会计电算化,要建立会计预测、决策和控制系统,充分利用计算机数据运算和存贮功能,进行事前预测和事中控制,利用量本利分析、线性规划、价值工程、投入产出法等各种方法为管理活动提供有效的会计信息。

(三) 因地制宜,自愿发展

因为村集体经济组织会计电算化工作涉及较大的投入,因而在没有其他资金来源支持的情况下,不宜盲目推广、相互攀比,更不能搞"一刀切"。发展村集体经济组织会计电算化,必须以广大农民群众的利益为出发点,让村集体经济组织自主决策,量力而行。

附录一

关于进一步加强村级会计委托代理服务工作的指导意见

财会〔2010〕4号(附件)

村级会计委托代理服务,是规范农村集体财务管理、强化村集体经济组织会计工作、深入推进农村党风廉政建设的有效措施。为进一步加强村级会计委托代理服务工作,现提出以下意见:

一、充分认识做好村级会计委托代理服务工作的重要意义

农村集体经济组织的资金资产归该集体经济组织全体成员共同所有,村级财务属集体性质。农村集体财务管理是村级经济事务管理的重要内容,是集体资产管理、土地承包管理、农民负担管理等工作的基础,涉及农民切身利益,历来受到各级党委政府的高度重视和农民群众的广泛关注。近年来,随着农村集体财务管理规范化建设的推进,各地立足实际,积极探索,不断创新,扎实工作,农村集体财务管理工作取得了明显成效。但是一些地方村级财务管理不规范、制度不健全、核算不准确、公开不完善、监管不到位等问题仍不同程度存在,必须引起高度重视。村级会计委托代理服务是农村基层实践工作的创新,是管理农村财务、强化会计监督的有效模式,是服务社会主义新农村建设的具体体现,较好地解决了当前村级财务管理工作存在的问题,对规范村级财务会计行为,提高集体资金使用效率,节约村级财务核算成本,确保财务公开、民主理财落到实处,促进农村党风廉政建设起到了积极作用。各地要以邓小平理论和"三个代表"重要思想为指导,深入贯彻落实科学发展观,以开展村务公开和民主管理"难点村"治理为契机,进一步统一思想认识,采取切实有效措施,强化村级会计委托代理机构建设,完善工作规范,落实工作经费,把做好村级会计委托代理服务工作作为推进农村集体财务管理规范化建设,加强农村集体资金资产资源管理,促进农村党风廉政建设、基层民主政治建设和社会主义新农村建设的一项重要工作抓好抓实。

二、进一步加强对村级会计委托代理服务工作的指导

各级纪检、监察、财政、农业和民政部门要按照农村党风廉政建设任务分工,在尊重历史和现实、坚持现有工作格局不变的基础上,通力协作,密切配合,形成合力,切实加强对村级会计委托代理服务工作的指导和监督。在推进村级会计委托代理服务工作中,必须尊重农民意愿,履行民主程序,依法签订委托代理协议,确保集体资产所有权、使用权、审批权和收益权"四权"不变,切实维护农村集体经济组织及其成员的合法权益。

完善制度建设是做好村级会计委托代理服务的前提。要严格执行《会计法》《村集体经济组织会计制度》等法规制度,按照农村集体"三资"管理要求,抓紧完善相关制度建设,不断提高村级会计委托代理服务工作水平。要建立健全村级会计委托代理服务机构岗位责任制度、操作流程制度、财务管理制度、档案管理制度、责任追究制度等,规范村级会计委托代理工作;要切实加强代理资金管理,资金支取实行"双印鉴"监管,确保村级集体资金安全;财政转移支付补助的村级资金,要纳入会计委托代理机构统一管理,建账核算,严格监督使用。

规范票据管理是做好村级会计委托代理服务的基础。要切实加强对村集体经济组织和村级会计委托代理机构各类票据的管理,特别要规范收支凭证和内部结算凭证等;要逐步规范代理机构相关账、证、表等各类票据格式,通过会计电算化软件生成的各类凭证、账簿等,格式必须符合统一标准要求;要切实规范代理机构和村集体经济组织各类票据的使用行为,严格按照会计业务流程规定操作,坚决杜绝"白条"入账等现象的发生,真正做到有据可查、运行规范。

加强队伍建设是做好村级会计委托代理服务的保障。各地要根据工作需要,充实会计委托代理机构工作人员,提供必要的办公场所和设施。要建立村级会计从业人员定期培训制度,凡从事农村集体经济组织会计工作的人员,必须接受村集体经济组织财务会计、农业承包合同管理、减轻农民负担政策、农村集体"三资"管理等业务培训。各级财政和农业部门要密切配合,安排落实好专项培训经费,加强对农村会计人员的业务指导和教育培训,不断提高其整体素质和业务能力。有条件的地方,可以聘请会计师事务所承办村级会计委托代理业务。

三、确保村级会计委托代理服务工作规范有序开展

村级会计委托代理服务工作量大,涉及面广,关系到农村集体经济组织和广大农民群众的切身利益。各级纪检、监察、财政、农业和民政部门要积极加强沟通,协调配合,相互支持,实现资源整合,既发挥各自优势,又统筹协调推进。要切实加强对村级会计委托代理机构的检查、指导和监督,不断提高代理服务工作水平。委托代理机构要严格代理程序,按照村集体经济组织财务会计制度,不断完善内部管理和会计核算,严禁平调、挪用代理资金。要纠正和查处各种违反财经纪律的行为,对代理程序不规范、代理手续不健全、制度执行不力的,要及时进行整改;对代理工作成效明显的,要进行认真总结推广,确保村级会计委托代理服务工作规范有序地推进。

附录二

农业部关于进一步加强农村集体资金资产资源管理指导的意见

农经发〔2009〕4号

各省、自治区、直辖市及计划单列市(农林、农牧)厅(委、局、办):

为深入贯彻落实党的十七届三中全会精神,稳定和完善农村基本经营制度,切实维护农村集体经济组织和农民群众的合法权益,现就进一步加强农村集体资金、资产、资源管理,建立健全有关制度提出如下意见。

一、加强农村集体资金、资产、资源管理的意义、目标和原则

农村集体资金、资产、资源属于村(组)集体经济组织(以下简称集体经济组织)全体成员集体所有,是发展农村经济和实现农民共同富裕的重要物质基础。加强农村集体资金、资产、资源管理,有利于稳定和完善农村基本经营制度,维护集体经济组织和农民群众的合法权益;有利于盘活农村集体存量资产,增加农民财产性收入;有利于壮大农村集体经济实力,增强集体组织为农户服务的功能;有利于推进农村党风廉政建设,密切党群干群关系。各级农村经营管理部门要充分认识加强农村集体资金、资产、资源管理的重要意义,切实把这项工作抓紧抓好。

农村集体资金、资产、资源管理工作,要以邓小平理论和"三个代表"重要思想为指导,深入贯彻落实科学发展观,立足于稳定和完善以家庭承包为基础、统分结合的双层经营体制,切实维护好、实现好、发展好农民群众的根本利益,按照党的十七届三中全会提出的"健全农村集体资金、资产、资源管理制度,做到用制度管权、管事、管人"的要求,健全制度、规范管理、强化监督、加强服务,逐步形成产权明晰、权责明确、经营高效、管理民主、监督到位的管理体制和运行机制,促进集体经济发展壮大,促进农民收入增加,促进农村经济社会又好又快发展。

农村集体资金、资产、资源管理要充分体现农民群众的主体地位,切实维护农民的权益。必须坚持民主的原则,保障集体经济组织成员对资金、资产、资源占有、使用、收益和分配的知情权、决策权、管理权、监督权。必须坚持公开的原则,资金的使用和收益应当向全体成员公开,资产和资源的承包、租赁、出让应当实行招标投标或公开竞价。必须坚持成员受益的原则,遵循资金、资产、资源管理的规律和特点,采取不同的经营模式和管理方式,提高经营管理水平,节本增效,确保资金、资产、资源的安全和保值增值,让农民群众随着集体经济壮大,得到更多的实惠。

二、建立健全农村集体资金、资产、资源管理制度

集体经济组织代表其成员行使农村集体资金、资产、资源管理职责,必须建立健全各项管理制度,做到有章理事,按制度办事。

(一)规范农村集体资金管理制度

1. 财务收入管理制度。集体经济组织的经营、发包、租赁、投资、资产处置等集体收入,上级转移支付资金以及补助、补偿资金,社会捐赠资金,"一事一议"资金,集体建设用地收益等,应当及时入账核算,做到应收尽收。严禁公款私存、私设小金库。要加强票据管理,杜绝"白条"抵库。要定期与开户银行核对账目,定期盘点库存现金,做到日清月结,账款相符,账实相符。

2. 财务开支审批制度。日常开支按规定程序审批,重大事项开支应当履行民主程序。财务开支事项发生时,经手人必须取得合法的原始凭证,注明用途并签字(盖章),交民主理财小组集体审核。审核同意后,由民主理财小组组长签字(盖章),报经主管财务的负责人审批同意并签字(盖章),由会计人员审核记账。财务流程完成后,要按照财务公开程序进行公开,接受全体成员监督。

3. 财务预决算制度。年初应当编制全年资金预算方案,按民主程序形成决议并张榜公布;预算调整时,要严格履行相关程序。年终应当及时进行决算,并将预算执行情况和决算结果向全体成员公布。

4. 资金管理岗位责任制度。明确各财务管理岗位的职责、权限,实行账、款分管,支票、财务印鉴分别保管。实行会计委托代理的地方,要按照会计核算主体分设账户(簿)。应当尊重各集体经济组织的资产所有权和财产管理自主权,不得改变集体资金的性质。

5. 财务公开制度。集体经济组织应当将财务活动情况及有关账目,定期逐笔逐项向全体成员公布,接受群众监督。年初公布财务收支计划,每月或每季度公布各项收入、支出情况,年末公布各项财产、债权债务、收益分配等情况。

(二) 健全农村集体资产管理制度

1. 资产清查制度。定期进行资产清查,重点清查核实集体经济组织所有的各种资产、负债和所有者权益,做到账实、账款相符。

2. 资产台账制度。集体所有的房屋、建筑物、机器、设备、工具、器具和农业基本建设设施等固定资产,要按资产的类别建立固定资产台账,及时记录资产增减变动情况。资产台账的内容主要包括:资产的名称、类别、数量、单位、购建时间、预计使用年限、原始价值、折旧额、净值等。实行承包、租赁经营的,还应当登记承包、租赁单位(人员)名称,承包费或租赁金以及承包、租赁期限等。已出让或报废的,应当及时核销。

3. 资产评估制度。集体经济组织以招标投标方式承包、租赁、出让集体资产,以参股、联营、合作方式经营集体资产,集体经济组织实行产权制度改革、合并或者分设等,应当进行资产评估。评估由农村经营管理部门或具有资质的单位实施。评估结果要按权属关系经集体经济组织成员的全体村民会议或村民代表会议确认。

4. 资产承包、租赁、出让制度。集体资产实行承包、租赁、出让应当制定相关方案,明确资产的名称、数量、用途,承包、租赁、出让的条件及其价格,是否招标投标等事项;同时履行民主程序。集体资产承包、租赁、出让经营时,应当签订经济合同,明确双方的权利、义务、违约责任等,并向全体成员公开。经济合同及有关资料应当及时归档并报乡(镇)农村经营管理站备案。

5. 资产经营制度。集体资产实行承包、租赁、出让经营的,要加强合同履行的监督检查,公开合同履行情况;收取的承包费和租赁金归集体经济组织所有,纳入账内核算。集体经济组织统一经营的资产,要明确经营管理责任人的责任和经营目标,确定决策机制、管理机制和收益分配机制,并向全体成员公开。集体经济组织实行股份制或者股份合作制经营的,其股份收益归集体经济组织所有,纳入账内核算。要定期对集体资产的使用、维护和收益进行检查,确保集体资产的安全和保值增值。

（三）建立农村集体资源管理制度

1. 资源登记簿制度。法律规定属于集体所有的土地、林地、草地、荒地、滩涂等集体资源，应当建立集体资源登记簿，逐项记录。资源登记簿的主要内容包括：资源的名称、类别、坐落、面积等。实行承包、租赁经营的集体资源，还应当登记资源承包、租赁单位（个人）的名称、地址，承包、租赁资源的用途，承包费或租赁金，期限和起止日期等。农村集体建设用地以及发生农村集体建设用地使用权出让事项等要重点记录。

2. 公开协商和招标投标制度。集体所有且没有采取家庭承包方式的荒山、荒沟、荒丘、荒滩，以及果园、养殖水面等集体资源的承包、租赁，应当采取公开协商或者招标投标的方式进行。以公开协商方式承包、租赁集体资源的，承包费、租赁金由双方议定。以招标投标方式承包、租赁集体资源的，承包费、租赁金应当通过公开竞标、竞价确定。招标应当确定方案，载明招标人的名称和地址，明确项目的名称、数量、用途、期限、标底等内容；招标方案必须履行民主程序。在招标中，同等条件下，本集体经济组织成员享有优先中标权。招标投标方案、招标公告、招标合同和相关资料应当报乡（镇）农村经营管理站备案。

3. 资源承包、租赁合同管理制度。集体资源的承包、租赁应当签订书面协议，统一编号，实行合同管理。合同应当使用统一文本，明确双方的权利、义务、违约责任等。上交的收入归集体经济组织所有，纳入账内核算并定期公开。经济合同及有关资料应及时归档并报乡（镇）农村经营管理站备案。

4. 集体建设用地收益专项管理制度。农村集体建设用地是集体资产和资源的重要组成部分，其收益归集体经济组织所有，主要用于发展生产、增加集体积累、集体福利和公益事业等方面，改善农民的生产生活条件，不得用于发放干部报酬、支付招待费用等非生产性开支。农村集体建设用地收益要纳入账内核算，严格实行专户存储、专账管理、专款专用、专项审计监督。

三、强化民主管理和民主监督，推进农村集体经济管理方式创新

农村集体资金、资产、资源管理要适应农村改革发展的新形势新要求，强化民主管理和民主监督，积极推进改革创新，增强集体经济组织发展的活力和为农户服务的能力。

（一）强化民主管理和民主监督。民主管理和民主监督是加强集体资金、资

产和资源管理的基础,是完善集体经济组织管理体制和机制的重要方面。集体经济组织的年度财务预算和决算,年度收益分配方案,集体资金、资产、资源经营方式的确定及变更,购置或者处分重要固定资产,重大投资项目或举债,集体经济组织产权制度改革,以及其他有关集体资金、资产、资源管理的重大事项,都要依法召开本集体经济组织成员的全体村民会议或村民代表会议,履行民主程序。集体经济组织应当定期向本集体经济组织成员公布资金、资产、资源运营情况,听取本集体经济组织成员对集体资金、资产、资源管理工作的意见和建议,接受全体成员的监督。村务公开监督小组或者民主理财小组应当对集体资金、资产、资源管理的事项进行监督,对集体资金、资产、资源的使用、维护和收益分配不当的提出整改意见。

(二)推进农村集体经济组织产权制度改革。要稳妥推进集体经济组织产权制度改革,探索集体经济的有效实现形式。有条件但还未开展集体经济组织产权制度改革的地方,要加强调查研究,有计划地开展试点工作;已实行产权制度改革的集体经济组织,要建立健全股东大会或股东代表大会、董事会、监事会等机构,强化内部控制机制,完善经营管理制度,确立激励和约束相结合的运行机制。

(三)发展农民新的联合与合作。鼓励和支持集体经济组织利用资金、资产和资源,以入股、合作、租赁、专业承包等形式,与承包大户、技术能人、企业、技术服务机构等进行联合和合作,实现多元化、多层次、多形式经营,发展和壮大集体经济实力,增强集体经济组织服务功能。

(四)完善会计委托代理制。要在坚持民主自愿和集体资产所有权、使用权、审批权和收益权不变原则的基础上,进一步完善会计委托代理制。加强会计委托代理机构的建设,科学设置代理机构岗位,健全内部管理监督制度,规范代理服务工作流程,防止截留挪用集体资金。会计委托代理机构应当定期向集体经济组织报告账务代理工作情况,切实发挥服务、监督的职责。积极探索创新农村集体资金、资产、资源管理服务方式。

四、切实加强对农村集体资金、资产、资源管理的指导、监督和服务

农村集体资金、资产、资源管理的指导、监督和服务,是各级农村经营管理部门的重要职责,要切实履行职责,加强农村集体资金、资产、资源的管理指导工作。

（一）加强农村集体资金、资产、资源管理的指导。各级农村经营管理部门要加强调查研究，结合实际制定农村集体资金、资产、资源保值增值的政策措施。要加强农村集体资金、资产、资源管理的法规建设，已经出台农村集体资产管理法规的省（区、市），要加大贯彻落实的力度，并根据改革发展中出现的新情况、新问题，完善相关规定；尚未出台的省（区、市），要抓紧制定有关农村集体资金、资产、资源管理的法规和制度。要因地制宜，分类指导，帮助集体经济组织建立健全农村集体资金、资产、资源管理制度。

（二）强化农村集体资金、资产、资源管理的监督。各级农村经营管理部门要强化审计监督。对集体经济组织财务预算和决算、资金的使用和收益分配进行定期审计，对农民群众反映强烈的集体资金、资产、资源问题进行重点审计，对集体资产和资源的运营进行专项审计。要建立健全责任追究制度，对审计查出侵占集体资金和资产问题的，应当责成责任人将侵占的集体资金和资产如数退还集体经济组织；构成违纪的，移交纪检监察部门处理；构成犯罪的，依法移送司法机关追究刑事责任。

（三）提高农村集体资金、资产、资源管理的服务水平。各级农村经营管理部门，要加强农村集体资金、资产、资源经济合同管理和服务，指导和帮助集体经济组织依法规范合同，签订合同，履行合同，调解处理合同纠纷。要指导和帮助集体经济组织以及实行会计委托代理制的乡（镇）会计委托代理机构，做好涉及农村集体资金、资产、资源管理的会议决定、承包租赁方案、经济合同、招标文书、财务会计等资料的立卷归档工作，实行电算化管理的地方应当进行电子归档。要定期对委托代理机构进行监督检查，提高服务质量。要加强队伍建设，县以上农村经营管理部门要积极争取培训经费，加大对农村集体财务会计管理人员、民主理财小组成员、乡（镇）村级会计委托代理服务人员、审计人员的培训力度，努力培养和造就一支高素质的农村集体资金、资产、资源管理队伍。

二〇〇九年六月二十九日

附录三

会计档案管理办法

第一条 为了加强会计档案管理,有效保护和利用会计档案,根据《中华人民共和国会计法》《中华人民共和国档案法》等有关法律和行政法规,制定本办法。

第二条 国家机关、社会团体、企业、事业单位和其他组织(以下统称单位)管理会计档案适用本办法。

第三条 本办法所称会计档案是指单位在进行会计核算等过程中接收或形成的,记录和反映单位经济业务事项的,具有保存价值的文字、图表等各种形式的会计资料,包括通过计算机等电子设备形成、传输和存储的电子会计档案。

第四条 财政部和国家档案局主管全国会计档案工作,共同制定全国统一的会计档案工作制度,对全国会计档案工作实行监督和指导。

县级以上地方人民政府财政部门和档案行政管理部门管理本行政区域内的会计档案工作,并对本行政区域内会计档案工作实行监督和指导。

第五条 单位应当加强会计档案管理工作,建立和完善会计档案的收集、整理、保管、利用和鉴定销毁等管理制度,采取可靠的安全防护技术和措施,保证会计档案的真实、完整、可用、安全。

单位的档案机构或者档案工作人员所属机构(以下统称单位档案管理机构)负责管理本单位的会计档案。单位也可以委托具备档案管理条件的机构代为管理会计档案。

第六条 下列会计资料应当进行归档:

(一)会计凭证,包括原始凭证、记账凭证;

(二)会计账簿,包括总账、明细账、日记账、固定资产卡片及其他辅助性账簿;

(三)财务会计报告,包括月度、季度、半年度、年度财务会计报告;

(四)其他会计资料,包括银行存款余额调节表、银行对账单、纳税申报表、会计档案移交清册、会计档案保管清册、会计档案销毁清册、会计档案鉴定意见书及其他具有保存价值的会计资料。

第七条 单位可以利用计算机、网络通信等信息技术手段管理会计档案。

第八条 同时满足下列条件的,单位内部形成的属于归档范围的电子会计资料可仅以电子形式保存,形成电子会计档案:

（一）形成的电子会计资料来源真实有效,由计算机等电子设备形成和传输;

（二）使用的会计核算系统能够准确、完整、有效接收和读取电子会计资料,能够输出符合国家标准归档格式的会计凭证、会计账簿、财务会计报表等会计资料,设定了经办、审核、审批等必要的审签程序;

（三）使用的电子档案管理系统能够有效接收、管理、利用电子会计档案,符合电子档案的长期保管要求,并建立了电子会计档案与相关联的其他纸质会计档案的检索关系;

（四）采取有效措施,防止电子会计档案被篡改;

（五）建立电子会计档案备份制度,能够有效防范自然灾害、意外事故和人为破坏的影响;

（六）形成的电子会计资料不属于具有永久保存价值或者其他重要保存价值的会计档案。

第九条 满足本办法第八条规定条件,单位从外部接收的电子会计资料附有符合《中华人民共和国电子签名法》规定的电子签名的,可仅以电子形式归档保存,形成电子会计档案。

第十条 单位的会计机构或会计人员所属机构（以下统称单位会计管理机构）按照归档范围和归档要求,负责定期将应当归档的会计资料整理立卷,编制会计档案保管清册。

第十一条 当年形成的会计档案,在会计年度终了后,可由单位会计管理机构临时保管一年,再移交单位档案管理机构保管。因工作需要确需推迟移交的,应当经单位档案管理机构同意。

单位会计管理机构临时保管会计档案最长不超过三年。临时保管期间,会计档案的保管应当符合国家档案管理的有关规定,且出纳人员不得兼管会计档案。

第十二条 单位会计管理机构在办理会计档案移交时,应当编制会计档案移交清册,并按照国家档案管理的有关规定办理移交手续。

纸质会计档案移交时应当保持原卷的封装。电子会计档案移交时应当将电子会计档案及其元数据一并移交,且文件格式应当符合国家档案管理的有关规定。特殊格式的电子会计档案应当与其读取平台一并移交。

单位档案管理机构接收电子会计档案时,应当对电子会计档案的准确性、完整性、可用性、安全性进行检测,符合要求的才能接收。

第十三条 单位应当严格按照相关制度利用会计档案,在进行会计档案查阅、复制、借出时履行登记手续,严禁篡改和损坏。

单位保存的会计档案一般不得对外借出。确因工作需要且根据国家有关规定必须借出的,应当严格按照规定办理相关手续。

会计档案借用单位应当妥善保管和利用借入的会计档案,确保借入会计档案的安全完整,并在规定时间内归还。

第十四条 会计档案的保管期限分为永久、定期两类。定期保管期限一般分为 10 年和 30 年。

会计档案的保管期限,从会计年度终了后的第一天算起。

第十五条 各类会计档案的保管期限原则上应当按照本办法附表执行,本办法规定的会计档案保管期限为最低保管期限。

单位会计档案的具体名称如有同本办法附表所列档案名称不相符的,应当比照类似档案的保管期限办理。

第十六条 单位应当定期对已到保管期限的会计档案进行鉴定,并形成会计档案鉴定意见书。经鉴定,仍需继续保存的会计档案,应当重新划定保管期限;对保管期满,确无保存价值的会计档案,可以销毁。

第十七条 会计档案鉴定工作应当由单位档案管理机构牵头,组织单位会计、审计、纪检监察等机构或人员共同进行。

第十八条 经鉴定可以销毁的会计档案,应当按照以下程序销毁:

(一)单位档案管理机构编制会计档案销毁清册,列明拟销毁会计档案的名称、卷号、册数、起止年度、档案编号、应保管期限、已保管期限和销毁时间等内容。

(二)单位负责人、档案管理机构负责人、会计管理机构负责人、档案管理机构经办人、会计管理机构经办人在会计档案销毁清册上签署意见。

（三）单位档案管理机构负责组织会计档案销毁工作,并与会计管理机构共同派员监销。监销人在会计档案销毁前,应当按照会计档案销毁清册所列内容进行清点核对;在会计档案销毁后,应当在会计档案销毁清册上签名或盖章。

电子会计档案的销毁还应当符合国家有关电子档案的规定,并由单位档案管理机构、会计管理机构和信息系统管理机构共同派员监销。

第十九条 保管期满但未结清的债权债务会计凭证和涉及其他未了事项的会计凭证不得销毁,纸质会计档案应当单独抽出立卷,电子会计档案单独转存,保管到未了事项完结时为止。

单独抽出立卷或转存的会计档案,应当在会计档案鉴定意见书、会计档案销毁清册和会计档案保管清册中列明。

第二十条 单位因撤销、解散、破产或其他原因而终止的,在终止或办理注销登记手续之前形成的会计档案,按照国家档案管理的有关规定处置。

第二十一条 单位分立后原单位存续的,其会计档案应当由分立后的存续方统一保管,其他方可以查阅、复制与其业务相关的会计档案。

单位分立后原单位解散的,其会计档案应当经各方协商后由其中一方代管或按照国家档案管理的有关规定处置,各方可以查阅、复制与其业务相关的会计档案。

单位分立中未结清的会计事项所涉及的会计凭证,应当单独抽出由业务相关方保存,并按照规定办理交接手续。

单位因业务移交其他单位办理所涉及的会计档案,应当由原单位保管,承接业务单位可以查阅、复制与其业务相关的会计档案。对其中未结清的会计事项所涉及的会计凭证,应当单独抽出由承接业务单位保存,并按照规定办理交接手续。

第二十二条 单位合并后原各单位解散或者一方存续其他方解散的,原各单位的会计档案应当由合并后的单位统一保管。单位合并后原各单位仍存续的,其会计档案仍应当由原各单位保管。

第二十三条 建设单位在项目建设期间形成的会计档案,需要移交给建设项目接受单位的,应当在办理竣工财务决算后及时移交,并按照规定办理交接手续。

第二十四条　单位之间交接会计档案时,交接双方应当办理会计档案交接手续。

移交会计档案的单位,应当编制会计档案移交清册,列明应当移交的会计档案名称、卷号、册数、起止年度、档案编号、应保管期限和已保管期限等内容。

交接会计档案时,交接双方应当按照会计档案移交清册所列内容逐项交接,并由交接双方的单位有关负责人负责监督。交接完毕后,交接双方经办人和监督人应当在会计档案移交清册上签名或盖章。

电子会计档案应当与其元数据一并移交,特殊格式的电子会计档案应当与其读取平台一并移交。档案接受单位应当对保存电子会计档案的载体及其技术环境进行检验,确保所接收电子会计档案的准确、完整、可用和安全。

第二十五条　单位的会计档案及其复制件需要携带、寄运或者传输至境外的,应当按照国家有关规定执行。

第二十六条　单位委托中介机构代理记账的,应当在签订的书面委托合同中,明确会计档案的管理要求及相应责任。

第二十七条　违反本办法规定的单位和个人,由县级以上人民政府财政部门、档案行政管理部门依据《中华人民共和国会计法》《中华人民共和国档案法》等法律法规处理处罚。

第二十八条　预算、计划、制度等文件材料,应当执行文书档案管理规定,不适用本办法。

第二十九条　不具备设立档案机构或配备档案工作人员条件的单位和依法建账的个体工商户,其会计档案的收集、整理、保管、利用和鉴定销毁等参照本办法执行。

第三十条　各省、自治区、直辖市、计划单列市人民政府财政部门、档案行政管理部门,新疆生产建设兵团财务局、档案局,国务院各业务主管部门,中国人民解放军总后勤部,可以根据本办法制定具体实施办法。

第三十一条　本办法由财政部、国家档案局负责解释,自2016年1月1日起施行。1998年8月21日财政部、国家档案局发布的《会计档案管理办法》(财会字〔1998〕32号)同时废止。

附表1　　　　　　企业和其他组织会计档案保管期限表

序号	档案名称	保管期限	备注
一	会计凭证		
1	原始凭证	30年	
2	记账凭证	30年	
二	会计账簿		
3	总账	30年	
4	明细账	30年	
5	日记账	30年	
6	固定资产卡片		固定资产报废清理后保管5年
7	其他辅助性账簿	30年	
三	财务会计报告		
8	月度、季度、半年度财务会计报告	10年	
9	年度财务会计报告	永久	
四	其他会计资料		
10	银行存款余额调节表	10年	
11	银行对账单	10年	
12	纳税申报表	10年	
13	会计档案移交清册	30年	
14	会计档案保管清册	永久	
15	会计档案销毁清册	永久	
16	会计档案鉴定意见书	永久	

附表2　财政总预算、行政单位、事业单位和税收会计档案保管期限表

序号	档案名称	保管期限			备注
		财政总预算	行政单位 事业单位	税收会计	
一	会计凭证				
1	国家金库编送的各种报表及缴库退库凭证	10年		10年	
2	各收入机关编送的报表	10年			
3	行政单位和事业单位的各种会计凭证		30年		包括：原始凭证、记账凭证和传票汇总表

（续表）

序号	档案名称	保管期限			备注
		财政总预算	行政单位事业单位	税收会计	
4	财政总预算拨款凭证和其他会计凭证	30年			包括：拨款凭证和其他会计凭证
二	会计账簿				
5	日记账		30年	30年	
6	总账	30年	30年	30年	
7	税收日记账（总账）			30年	
8	明细分类、分户账或登记簿	30年	30年	30年	
9	行政单位和事业单位固定资产卡片				固定资产报废清理后保管5年
三	财务会计报告				
10	政府综合财务报告	永久			下级财政、本级部门和单位报送的保管2年
11	部门财务报告		永久		所属单位报送的保管2年
12	财政总决算	永久			下级财政、本级部门和单位报送的保管2年
13	部门决算		永久		所属单位报送的保管2年
14	税收年报（决算）			永久	
15	国家金库年报（决算）	10年			
16	基本建设拨、贷款年报（决算）	10年			
17	行政单位和事业单位会计月、季度报表		10年		所属单位报送的保管2年
18	税收会计报表			10年	所属税务机关报送的保管2年
四	其他会计资料				
19	银行存款余额调节表	10年	10年		
20	银行对账单	10年	10年	10年	
21	会计档案移交清册	30年	30年	30年	
22	会计档案保管清册	永久	永久	永久	
23	会计档案销毁清册	永久	永久	永久	
24	会计档案鉴定意见书	永久	永久	永久	

注：税务机关的税务经费会计档案保管期限，按行政单位会计档案保管期限规定办理。

附录四

农业部 财政部 民政部 审计署
关于进一步加强和规范村级财务管理工作的意见

农经发〔2013〕6号

村级财务管理是管好用好农村集体资金资产资源，发展壮大集体经济，依法保障农民集体收益分配权的重要基础和保障。近年来，各地认真贯彻落实中央关于加强村级财务管理工作的一系列方针政策，健全制度，强化措施，村级财务管理不断得到完善和加强，确保了农村集体资金与资产的安全，切实维护了农村集体经济组织与广大农民群众的利益，促进了农村经济发展与社会和谐稳定。但是，一些地方村级财务管理工作仍然比较薄弱，财务混乱依然是农民群众反映强烈的热点问题，有的地方会计账目不清、财务公开流于形式，有的地方审计监督缺失等。为切实解决这些问题，进一步加强和规范村级财务管理工作，现提出如下意见。

一、切实做好村级会计工作

（一）强化村级会计基础工作。村级组织要按照《会计基础工作规范》的要求，开设银行账户、统一凭证账簿、规范财务流程，并按照《村集体经济组织会计制度》有关规定，全面核算反映经济活动和社区管理的财务收支、结算、分配等会计事项。村级组织只可开设一个基本存款账户，用于办理日常转账结算和现金收付，除土地补偿费专门账户外，一般不准开设其他专用或临时账户。对村集体经济组织与村民委员会分开单独记账核算的，可根据情况分别开设基本账户。要在县级（或以上）范围内统一制定会计凭证、票据和账簿，统一建立财务操作流程。有条件的地方，要抓紧构建农村财务管理信息化服务平台。

（二）规范村级会计委托代理。实行村级会计委托代理必须尊重农民群众意愿和民主权利，必须保持集体资产所有权、使用权、审批权和收益权不变，确保财务审批权以及经济活动监督权由村级组织行使。代理机构要切实提高服务能力和水平,明确岗位职责,严格操作流程,强化内部监控,落实责任追究。要以村级组织为独立会计核算主体,分设银行账户;要加强档案管理,以村级组织为单位,单独整理、归类造册、妥善保存。要探索创新工作方式,采取有效措施,逐步提高村级组织会计核算和财务管理的独立自主能力。

二、完善村级财务民主监督机制

(一)落实村级民主理财。村务监督委员会或其他形式的村务监督机构要切实加强对村级财务的民主监督,充分发挥民主理财的作用,保证农民群众对集体财务的知情权、参与权、表达权和监督权。村级组织发生各项财务活动、制定各项财务计划以及重大财务事项决策都必须履行民主程序,实行民主理财。民主理财人员要按照规定程序产生,具备财会、管理知识,并保持相对稳定,不得随意变更和撤换。民主理财人员应根据业务量按月或按季定期召开民主理财会议,开展民主理财活动,对重要财务事项要随时发生随时理财。

(二)完善村级财务公开。村级组织的财务计划、各项收支、各项资产资源以及债权债务和收益分配等内容要全面公开;土地征用补偿费、直接补贴给农民的"四补贴"资金等要逐项逐笔公开;"一事一议"财政奖补、农业小型基础设施建设补助等拨付到村使用的财政资金要全程公开。村级组织要定期在固定设置的公开栏进行财务公开,也可通过电视、网络、电子触摸屏等形式进行公开。要探索建立财务公开定期抽查制度,及时纠正和堵塞工作中存在的问题及漏洞。针对一些地方存在的公开难、监督难等问题,不断研究探索切实可行的公开方式。

(三)规范村级民主评议。与村级财务管理相关的工作人员,包括财务主管、村会计(含报账员,以下统称村级财会人员)、民主理财负责人等,都应当接受集体成员会议或成员代表会议对其履职情况的民主评议。民主评议由乡镇党委、政府统一组织,村务监督机构主持,每年至少一次。民主评议要按照规定程序开展,民主评议的结果要严肃运用。

三、加强对农村集体财务的审计监督

(一)加强农村集体财务审计工作。县乡两级农村集体资产和财务管理指导部门负责对农村集体财务、村干部经济责任等进行审计监督;国家审计机关根据有关法律法规和地方党委、政府的要求,对取得财政资金的有关乡村和项目接受、运用财政资金的真实、合法和效益情况,以及对有关村干部履行经济责任情况,依法进行审计监督。县级农村集体资产和财务管理指导部门要内设专门的审计科室,组织对村级财务会计工作开展审计。各省级农业部门要尽快制定统一标准的农村审计文书,切实规范农村审计程序。县乡两级农村集体资产和财务管理指导部门要根据本级人民政府和上级业务主管部门的要求,结合本地实际,确定审计工作的重点,在做好日常财务收支、预决算、收益分配等定期审计的基础上,开展对村干部任期和离任经济责任、集体资产和资源、农民负担、村级债权债务等专项审计,对集体土地征用补偿费和涉农财政资金进行重点审计。

(二)加大对审计查出问题的处理力度。县乡两级农村集体资产和财务管理指导部门依法依规进行审计监督,其做出的审计结论和处理决定,被审计单位和有关人员必须执行。在审计中查出被侵占的集体资产和资金,要责成责任人如数退赔;涉及国家工作人员及村干部违规违纪的,移交纪检监察部门处理;对于情节严重、构成犯罪的,移交司法机关依法追究当事人的刑事责任。农业部门要联合监察、审计、财政等部门研究建立审计查处事项的问题移交、定期通报和责任追究制度,审计结论一经核实要立即移交,确保审计处理结果的落实。

(三)加强审计队伍建设。县乡两级农村集体资产和财务管理指导部门要切实加强农村集体财务审计工作,指定具体人员并明确工作职责。农村集体财务审计工作业务上受国家审计机关和上级农业行政主管部门指导。要为农村集体财务审计工作顺利开展提供必要的条件。农村集体财务审计工作人员应具备相应的专业知识和业务能力,经考核合格持证上岗。农村集体财务审计工作人员的培训、资质认定、招录和解聘工作,由各省级农业行政主管部门统一作出规定并组织实施,审计证由各省级农业行政主管部门统一核发。

四、稳定和加强农村财会队伍建设

(一)全面加强村级财会人员队伍建设。稳定的专业财会队伍是做好村级财务管理工作的基础和保障。要确保村级财会人员具备业务知识和工作能力,经考核合格后聘任上岗,如无违反财经法纪行为应尽量保持稳定,不宜随村干部换届选举而变动。实行村级会计委托代理的地方,村级财会人员必须在代理中心登记备案以接受监督和考核。村级财会人员应享有稳定的补贴和待遇保障，各地可参照享受财政补贴的村干部标准确定。

（二）切实加强乡镇从事村级财会工作人员队伍建设。已实行村级会计委托代理的乡镇，要尊重历史和现实，保持现有工作格局不变。具体工作人员必须掌握财会专业知识，熟悉财经法纪，具备从事财会工作的素质和能力，并按照《会计从业资格管理办法》的要求，取得会计从业资格证书后持证上岗。未实行村级会计委托代理的村，要加大对其财会工作的指导和监督力度，确保村级财务管理工作健康有序开展。

（三）继续加大对农村财会人员的培训和管理力度。要建立完善财会人员定期培训和继续教育机制，组织做好对村级财会人员、乡镇会计委托代理服务中心工作人员和民主理财人员等（统称农村财会人员）的培训和继续教育工作，不断提高他们的业务素质和政策理论水平。要切实加强对农村财会人员的管理，建立健全登记备案、培训考核和持证上岗制度。

五、强化村级财务管理工作的保障措施

（一）加强组织领导。农业部门要切实履行规范村级财务管理工作职责，按照农村党风廉政建设总体布局和村务公开民主管理的要求，积极争取纪检、监察、财政、审计、民政等部门的支持和配合，共同推动和强化村级财务管理工作。加强和规范村级财务管理工作，县乡两级是关键，要明确县乡主管部门的职责分工，落实领导责任制，加强工作指导和监督检查，将村级财务管理情况作为基层干部政绩考核和党风廉政建设考核的重要内容。

（二）加大宣传检查力度。各地要积极总结村级财务管理方面的典型经验和做法，及时通过多种形式宣传报道，并适当给予表彰和奖励。各级农业、财政、审计、民政等部门要定期组织开展专项检查，及时发现和纠正问题，明确提出整改意见；建立健全工作责任追究制度，对因指导不力、管理不严、处置不当引发的较大规模群体性事件，追究相关领导和有关人员的责任。

参 考 文 献

[1] 财政部.科学绘就我国会计行业人才发展的宏伟蓝图[N].中国会计报,2010-10-22.

[2] 姚培硕.农业部副部长:改革农村集体产权制度势在必行[EB/OL]. http://www.chinanews.com/gn/2014/10-18/6692300.shtml[2014-10-18].

[3] 农村集体产权改革顶层设计即将出台[EB/OL]. http://www.cnstock.com/v_news/sns_bwkx/201611/3943486.htm[2016-11-08].

[4] 高云才.农村集体资产产权改革将展开 农民获更多财权[N].人民日报,2014-10-19.

[5] 余寒.2.4万亿农村集体资产迎清查正拟产权流转交易文件[N].经济观察报,2014-12-20.

[6] 魏根良,赵敬宇.最新村集体经济组织会计实务[M].石家庄:河北科学技术出版社,2006.

[7] 陈春鹏.针对农村会计聘用和管理办法[J].农民致富之友,2015(20):37.

[8] 薄秀云.探究农财队伍的不足与对策[J].农村财务会计,2015(05):56-58.

[9] 陈琛凝.加强农村会计委托代理制的几点建议[J].会计之友,2011(26):122-123.

[10] 戴忠良.委托代理理论述评[J].商业研究,2004(19):98-100.

[11] 崔岩.利用会计中介组织加强农村会计监督[J].呼伦贝尔学院学报,2014(12):33-34.

[12] 丁永平.提高农村财会人员素质夯实村级财务管理基础[J].中国农业会计,2014(06):36-37.

[13] 耿丽,韩清海.会计人员业务素质提升的研究[J].东北财经大学学报,2009(06):86-88.

[14] 顾萍.关于农村会计代理制成效与存在问题的思考[J].中国集体经济,2012(30):2-3.

[15] 管晨智.村级财务管理的问题及对策浅析[J].财政监督,2015(29):50-52.

[16] 何旭玲,张晓忠.试论农村会计人员职业道德问题[J].莱阳农学院学报,2006(12):17-19.

[17] 胡克训.农村财会人员现状与思考[J].中国农业会计,2012(01):56-57.

[18] 黄伟波.加强农村会计从业资格管理的几点建议[J].财务与会计,2013(06):52.

[19] 黄永军.驻马店市村级财务管理体制存在的问题及对策研究[D].咸阳:西北农林科技大学,2011.

[20] 金宗友.对农村会计工作的探讨[J].当代经济,2010(04):110-111.

[21] 李娜.农村会计人员现状研究[J].商,2015,(15):148.

[22] 刘志强.农村会计人员职业道德问题[J].科技视野,2014(23):344.

[23] 马国红.针对当前农村财会队伍建设重要性的一点看法[J].农村实用科技信息,2007(10):48.

[24] 潘自强.规范村级财务管理的路径分析[J].农村经济,2011(06):124-125.

[25] 吴小兵.略论农村会计工作的整体创新[J].经济师,2011(04):164.

[26] 向翠玲.关于新形势下农村会计培训工作的思考[J].江西广播电视大学学报,2013(01):73-74.

[27] 于连京.村级会计委托代理制度问题研究[D].泰安:山东农业大学,2008.

[28] 杨会朴.村级会计委托代理服务问题的思考[J].商业会计,2012(03).

[29] 李红锟.村级财务委托代理制度创新研究[J].中国农业会计,2013(01).

[30] 张自遵.浅谈农村会计发展趋势[J].财会通讯,2013.

[31] 曾培清.村集体经济组织会计制度操作指南[M].北京:经济科学出版社,2005:33.

[32] Kenneth J A. The economic implications of learning by doing[J]. The Review of Economic Studies, 1962, 29(3):155-173.

[33] Ronald H C. Accounting and the theory of the firm[J]. Journal of Accounting and Economics, 1998, (12):2-18.

[34] Montinola G, Qian Y Y, Berry W. Federalism, Chinese style: the political basis success in China[J]. World Politics, 1995:50-81.